여호와의 회의

여호와의 회의

초판 1쇄 인쇄일 2015년 5월 15일
초판 1쇄 발행일 2015년 5월 20일

지은이 박감사
펴낸이 양옥매
디자인 최원용
교 정 조준경

펴낸곳 도서출판 책과나무
출판등록 제2012-000376
주소 서울특별시 마포구 월드컵북로 44길 37 천지빌딩 3층
대표전화 02.372.1537 팩스 02.372.1538
이메일 booknamu2007@naver.com
홈페이지 www.booknamu.com
ISBN 979-11-5776-043-5(03230)

이 도서의 국립중앙도서관 출판시도서목록(CIP)은 서지정보유통지원 시스템
홈페이지(http://seoji.nl.go.kr)와 국가자료공동목록시스템
(http://www.nl.go.kr/kolisnet)에서 이용하실 수 있습니다.
(CIP제어번호: CIP2015013666)

*저작권법에 의해 보호를 받는 저작물이므로 저자와 출판사의 동의 없이 내용의 일부를
 인용하거나 발췌하는 것을 금합니다.
*파손된 책은 구입처에서 교환해 드립니다.

여호와의 회의

박감사 지음

contents

머리말		06
01	아브라함과 횃불	10
02	여호와의 회의	35
03	야곱의 장자권	43
04	레위인의 첩이라	53
05	왕을 세워주소서	69
06	다윗왕의 영광과 수치	79

다윗…… 그를 하나님 마음에 합한 자라고 할 수 있는가? / 하나님은 왜 다윗과 밧세바 사이에서 태어난 솔로몬을 사랑하셨는가? / 다윗과 사무엘은 다르다

07	솔로몬의 타락 이후	99

코헬렛 솔로몬 / 솔로몬의 타락 / 솔로몬의 회개 / 욥의 고난과 솔로몬의 타락 / 솔로몬 왕과 다윗 왕

| 08 | 두 선지자의 만남 | **136** |

| 09 | 엘리야와 로뎀나무 | **148** |

갈멜산의 기적 / 엘리야의 로뎀나무 / 강한 바람과 지진, 그리고 불 가운데에도 계시지 않은 하나님

| 10 | 의인 욥 | **165** |

친구들의 방문 / 친구들의 의기투합 / 욥의 불평 / 욥의 자랑 / 엘리후의 외침 / 하나님의 현현(顯現)하심 / 욥의 회복과 교훈

| 11 | 예수님의 족보와 탄생 | **216** |

족보에 나타난 시대적 구분 / 유다와 다말 이야기 / 보아스와 룻의 결혼 / 다윗은 우리야의 아내에게서 솔로몬을 낳고 / 족보_하나님의 관점 / 침묵기 400년의 의미 / 처녀가 잉태하여 아들을 낳다 / 아기 예수의 탄생

미주 **239**

머리말

하나님이 전지전능하신데 왜 이런 일이 생기는가 하는 의구심이 드는 경우가 있다. 특히 자신에게 어려움이 닥칠 때 생기는 의구심은 하나님의 능력에 대한 회의를 품게도 한다. 이것은 하나님을 '모든 것을 알아서 이끌어 가시고 나쁜 일을 막아주시는 분'으로 간주함으로써 생기는 오해이다. 하나님이 맘껏 실력을 발휘한다면야 물론 온 세상이 전혀 문제없게 다 돌아가도록 할 수도 있다. 그러나 하나님은 공의의 하나님이시기 때문에 어떤 규칙과 질서 안에서 세상을 주관하고 계신다. 그래서 우리가 믿는 하나님의 전지전능함과는 상관없이 자신들의 부족함으로 인해 인간들은 얼마든지 막막하고 힘든 상황에 빠지게 되고 세상은 온갖 악이 횡행하기도 한다.

그렇다면 성경에서 하나님이 세상을 이끌어가는 방식에 대해 엿볼 수 있는 것은 없을까? 구약에는 '여호와의 회의'에 대한 언급이 있다. 하나님께서는 거기서 어떤 중요한 일들에 대해 회의를 하고, 천사들을 통해 그것을 실행하게 하시는 것을 볼 수 있다. '여호와의 회의'는 세상에 대한 하나님의 계획을 구체적으로 추진하기 위해 논의하는 천상(天上)의 회의이다. 그래서 구약 성경의 중요한 사건들의 배경에는 이 여호와의 회의가 결정적 역할을 하고 있다. 이 책에서는 성경의 중요 사건들에 대한 영적 의미를 찾는 데 있어서 '여호와의 회의'와의 관련성을 놓치지 않고 있다. 그것은 영적 세계에 대한 매우 독특하고 흥미 있는 탐구가 될 것이다.

전능하신 하나님이시지만 모든 것을 단독으로 추진하지는 않으신다는 점은 그분의 위대성을 더욱 빛나게 한다. 우리의 부족함을 충분히 배려하시며 신중하게 처리하시는 것이다. 한없이 위대하시면서도 섬세한 사랑과 배려를 베푸시는 분이시기에, 우리의 작은 충성도 그분을 감동하게 할 수 있는 것이다. 만일 그분에게 그런 점이 없었다면, 우리는 그야말로 '순교'하는 방법 이외에는 그분의 마음을 감동시킬 수 있는 길이 없었을지도 모른다. 이 책은 그런 섬세한 부분에서 풍성한 이야기를 이끌어낸다. 소홀히 여기거나 간과한 것들에서 하나님의 심정을 헤아려보고 그 깊은 사랑을 찾아내려고 노력했다.

"아브라함과 횃불"의 도입 부분에서는 아브라함이 가나안땅으로 가는 여정을 그렸다. 아브라함은 분명히 하란 땅에서 하나님의 부르심을 받았는데 하나님께서는 갈대아우르에서 그를 불러내었다고 하신다. 이유가 무엇일까? 그것은 여호와의 회의를 통해 일하시는 하나님의 방식을 알아야만 이해할 수 있다. 창세기 15장에서 아브라함이 하나님과의 언약 체결을 위해 제물을 드리는데, 이때 무슨 일이 있었기에 하나님이 갑자기 태도를 돌변하여 400년의 애굽 종살이에 대해 언급하시는지에 대해서 설명하는 일은 매우 중요하고도 힘들었다. 그러나 행복했다. 오랫동안 마음에만 담아두었던 것을 표현할 수 있어서.

"야곱의 장자권"에서는 야곱이 받고 있는 오해에 대해 해명하기 위해 애썼다. "레위인의 첩이라"에서는 사사시대의 영적 타락상을 바라보는 하나님의 아픈 심정을 운문형식으로 표현해보았다. "왕을 세워주소서"에서는 사울을 왕으로 세우는 날에 하나님께서 진노하신 이유에 대해서 면밀하게 살핀다. 다윗 왕을 이스라엘 최고의 왕으로 인정하는 일에는 누구도 인색하지 않다. 그런데 그를 생각할 때마다 떠오르는 그의 간음사건에 대해서 이제는 제대로 정리를 해보자는 결연한 심정으로 "다윗왕의 영광과 수치"에 대해서 써보았다. 그의 간음사건에도 '여호와의 회의'에 대한 언급이 있는 것을 찾아낸 것은 이번 작업의 큰 성과였다.

솔로몬의 초기 행적은 최고의 지혜자요 최고의 거부로서의 성공적인 삶이었으나, 후기 행적은 풍요한 물질로 인한 육체적 타락과 영적 타락이라는 완벽한 패배의 삶이었다. 그렇다면 그의 삶 전체에 대한 평가는 어떻게 되어야 하는가? 이에 대한 의견은 매우 분분할 수밖에 없는데, 이런 와중에 "솔로몬의 타락 이후" 행적을 추적하며 견해를 피력하는 일은 쉽지 않았지만 매우 보람 있는 일이었다.

"두 선지자의 만남"은 여로보암 왕 때의 사건이며 "엘리야와 로뎀나무"는 아합왕 때의 일이다. 두 이야기에서는 무너져가는 북이스라엘을 구원하기 위해 고군분투하시는 하나님의 깊은 고뇌와 만나게 될 것이다. "의인 욥"의 이야기는 이 책에서 가장 많은 분량을 차지한다. 그럼에도 불구하고 충분한 이야기를 하지 못했다는 아쉬움이 있다. 너무 심오한 이야기들을 간단히 설명하고 지나쳐 버린 것 같아서 욥에게 미안한 마음이 든다. 하지만 그도 이해할 것이다. 욥의 이야기를 제대로 하려면 작가의 영적 수준도 욥과 비슷한 경지에 달해야만 가능한 것이기에, 내 글의 부족함을 크게 비난하지는 않을 것이다.

마지막으로 "예수님의 족보와 탄생"을 주제로 삼았다. 어린 예수가 이 땅에 오시기까지 많은 천사들이 하늘나라와 이 땅을 분주히 오고 갔었음을 구약시대의 몇 가지 에피소드를 통해 짚어보았다. 그 이야기들을 통해 이 땅에 메시아를 보내기까지 하나님께서 얼마나 고군분투하셨는지 알게 될 것이다. 그 귀하신 예수님이 우리에게 오기까지. 바로 나에게 오시기까지.

주님께 감사드리며….

2015. 3. 1. 박감사

01

아브라함과 횃불

해가 져서 어두울 때에 연기 나는 화로가 보이
며 타는 횃불이 쪼갠 고기 사이로 지나더라
_창 15:17

기원전 2000년경, 메소포타미아 남쪽 갈대아 우르 지방. 그곳 사람들은 수천 종류의 신을 섬겼으며 그중에서 달신(月神)인 난나(Nanna)를 주신(主神)으로 숭배했다.[1] 성읍의 중앙에는 신을 섬기는 신전이 자리 잡고 있었고 지구라트도 세워있었다. 높이 솟은 지구라트 탑은 어디서나 볼 수 있었고 성읍과 사회적 중심이 이 탑 기단의 부근에 있는 광장을 중심으로 형성되었다. 다른 메소포타미아 성읍들과 마찬가지로 우르 사람들에게는 종교로부터 멀어지는 것이 불가능한 일이었다.[2]

그 중심에 데라 가족이 살고 있었다. 데라는 각종 우상을 조각해서 파는 상인이었다. 데라는 칠십 세에 아브라함[3]과 나홀과 하란을 낳았다. 하란은 롯을 낳은 뒤 고향 갈대아 우르에서 죽고 아브라함은 사라와 결혼한다.[4] 사라는 임신하지 못하므로 자식이 없었다. 당시 여자들은 아들을 낳아 대를 잇는 것이 가장 중요한 책무였으며, 그 책무를 다하지 못하는 여자는 법적인 보호를 받을 수 없었다. 아브라함도 아이를 낳지 못하는 아내 대신에 다른 여자를 취할 권리가 얼마든지 있었으나 성실하게 아내만을 사랑했다. 그의 사랑은 다른 가족을 향해서도 동일했다. 아버지를 극진히 섬기고, 아비 잃은 조카 롯을 성심껏 돌보았다.

하나님께서 그런 성품의 아브라함을 주목하셨고, 온유하고 정직하고 성실한 그를 선택하셨다. 하나님께서 다시 인간과의 교제를 시작하고자 하는 것이다. 이것은 실로 얼마만의 일인가. 모든 인간들이 힘을 합쳐 교만의 탑[바벨탑]을 쌓으며 하나님을 향해 도전해 올 때, 크게 진노하시며 그 탑을 무너뜨리고 모든 무리를 단번에 흩어버리신 하나님. 그 후 세상을 향해 침묵하시던 세월이 얼마던가. 진노를 삭히시며 긴 세월 홀로 아픈 마음을 달래시더니, 다시 인간을 향하시는 하나님. 인간을 향한 또 한 번의 사랑을 꿈꾸시는 하나님!

하나님께서 선하신 뜻을 품는 순간 사자[천사]들의 움직임은 갑자기 분주해진다. 이 놀라운 계획을 위해 천상(天上) 회의 [여호와의 회의]가 소집되었다. 하나님께서 좌정해 계시고 그 앞에 천군 천사들이 모여 하나님의 말씀을 경청한다.

바벨탑 사건 이후 세상에 뿔뿔이 흩어져 살면서 하나님과의 교제가 끊어졌고 여러 세대가 지나면서 하나님과 더욱 멀어져 버린 인간들. 수천 종류의 신을 섬기면서 참신이신 하나님을 모르고 사는 인간 세계에서 한 사람 '아브라함'을 택하고자 하시는 하나님의 뜻은 매우 놀라운 계획이면서도 천사들을 긴장하게 하는 일이었다. 하나님의 계획이 성취되기 위해서는 천사들이 세상으로 내려가서 해야 할 일이 있기 때문이다.

"아브라함이 가나안에서 나 여호와를 섬기도록 하기 위해, 누가 그를 갈대아 우르에서 이끌어 내겠느냐?" 하나님의 질문에 천사들이 각기 의견을 제시하였고 그중에 한 가지가 채택되었다. 그것은 아브라함의 아비인 데라의 마음을 움직이는 것이 좋겠다는 의견이었다. 아비를 섬기는 마음이 극진한 아브라함의 성품을 배려한 지혜로운 방법이었다. 그 천사는 즉시로 메소포타미아 남부의 갈대아 우르에 파송되었다. 거기 데라의 집에 다다라서 그 집에 평안을 베풀고 하나님의 명령을 수행한다. 잠자는 데라의 머리맡에 서서 천상의 목소리로 "너는 갈대아 우르를 떠나 가나안 땅으로 가 나안 땅으로 가라."고 외친다. 데라의 마음에 변화가 일어난다. 주변 사람과의 대화 중에 우연히 듣게 된 '가나안땅'에 대한 이야기가 그의 마음을 강하게 요동하고 온종일 머릿속에서 떠나지 않는다. 마침내, 데라는 그것을 운명으로 여기고 순종하기로 한다. 갈대아 우르를 떠나 가나안땅으로 가기로 한 것이다.

> 데라가 그 아들 아브람과 하란의 아들인 그의 손자 롯과 그의 며느리 아브람의 아내 사래를 데리고 갈대아인의 우르를 떠나 가나안 땅으로 가고자 하더니 하란에 이르러 거기 거류하였으며 (창11:31)

데라는 아브라함과 롯과 사라를 데리고 가나안 땅을 향하여 호기 있게 출발하는데, 여러 지역을 거쳐 '하란'이라는 대도시에 당도하게 된다. 가족과 재산과 종들을 데리고 떠난 긴 여행길에서 쌓인 여독(旅毒)도 풀 겸 일행은 하란에서 잠시 짐을 풀었다. 하란은 메소포타미아와 시리아, 아나톨리아가 만나는 지점에 있어서 무역의 중심지 역할을 하는 대상도시(隊商都市)이다. 메소포타미아 세계에서 정치적으로 안정된 지역이기도 했다. 게다가 하란에서 섬기는 주신(主神)은 데라가 우르에서 섬기던 신과 동일한 달신(月神)이었다. 그 여러 가지 매력적인 요인 중에서 어느 것이 데라의 마음을 움직였던 것일까. 데라는 그의 가족과 함께 하란에 머물러 살게 되었다. 그곳에서의 삶은 분주해졌고 데라는 더는 '가나안땅'에 대해 말하지 않았다. 세월은 신속히 흘러 데라는 거기서 생을 마감한다. [5]

효심이 깊은 아브라함에게 아버지의 죽음은 큰 슬픔이고 허전함이다. 아직도 자녀가 없는 아브라함에게 아버지는 얼마나 소중한 혈육지친이었겠는가. 아브라함이 오랜 시간 동안 큰 슬픔에 빠져있자 하늘에서는 여호와의 회의[천상회의]가 소집되었다. 아브라함의 마음을 움직여서 가나안으로 가게 하고자 천사들은 지혜를 모았다. 그리고 그들 중에서 선발된 천사가 파송되어 신속하게 아브라함의 집에 당도했다. 깊은 슬픔에 빠진 아브라함에게 접근하기 위해 아내 사라를 사용했다. 사라는 침착하고도 사랑스런 모습으로 아브라함에게 다가가서 말을 건넸다. 슬퍼하고만 있지 말고 아버님이 기뻐하실 만한 일을 해보자며 말한다.

"저는 요즘, 아버님께서 그때 왜 갑자기 고향을 떠나려고 하셨는지에 대한 궁금증이 생깁니다. 아버님의 깊은 뜻은 알 수 없지만, 아버님의 이루지 못한 그 일을 우리가 해드리는 것이 효도하는 일이 아닐까요?"

말없이 아내의 이야기를 듣고 있던 아브라함에게 그의 가족이 갈대아 우르를 떠날 무렵의 일들이 생생하게 떠올랐다. 그때 그의 아버지는 분명히 '가나안 땅'으로 가자고 했었다. 그 이유를 자세히 설명하지는 않았지만, 그때 데라의 확신에 찬 표정은 아브라함으로 하여금 아버지의 결정에 전적인 신뢰감을 갖게 했었다. 그리고 가나안땅을 향한 여정의 중간에 이곳에 도착했었고 어찌하다 보니 여기에 머물러 살았다. 세월이 흐르면서 기력이 쇠하신 탓인지 그의 아버지는 더 이상 '가나안땅'에 대해 말하지 않았고 아브라함도 까맣게 잊고 있었다. 아버지는 왜 갑자기 고향을 떠나자고 하셨으며, 그 여정은 왜 중단된 것일까. 연로하신 아버지가 더 이상 하지 못한 그 일은 이제 내가 해야 하는 것일까? 아브라함이 갑자기 몰려드는 생각들로 인해 번민하고 있을 때, 대기하고 있던 천사가 드디어 하나님의 말씀을 선포한다. 그것은 아브라함이 행할 바를 제시해주고 있으며, 담대하게 그 길을 갈 수 있도록 위로하고 격려하는 내용의 말씀이었다.

너는 너의 고향과 친척과 아버지의 집을 떠나 내가 네게 보여 줄 땅으로 가라. 내가 너로 큰 민족을 이루고 네게 복을 주어 네 이

름을 창대하게 하리니 너는 복이 될지라. 너를 축복하는 자에
게는 내가 복을 내리고 너를 저주하는 자에게는 내가 저주하리
니 땅의 모든 족속이 너로 말미암아 복을 얻을 것이라 하신지라.
(창12:1-3)

천사의 말은 귀로 들리지 않고 마음속 울림으로 전달되어 아브라함의 심경에 급격한 변화가 일어나게 한다. 담대한 결심을 하게 된 것이다. '아버지가 가려던 그 땅으로 가야겠다. 내 모든 소유를 이끌고 그곳으로 가자.' 아브라함이 자신의 결의에 대해 말하자 사라는 웃으며 말한다. "좋은 결정이세요. 그곳에서 뭔가 중대한 일이 우리를 기다리고 있는 것 같아요."

그는 아내 사래와 조카 롯과 그들이 모은 모든 재산과 하란에서
그들이 얻은 사람들을 데리고 가나안 땅을 향해 떠나 가나안 땅
에 이르렀습니다. (우리말 성경, 창12:5)

가나안땅을 향해 가는 여정은 특별했다. 아무래도 이 길은 자신을 위해 예비 된 길 같았다. '맞다. 이것은 바로 나를 위해 예비 된 일이다. 그런데 그것을 예비한 신이 누구일까. 그분은 분명 갈대아 우르와 하란에서 섬겼던 난나신도 아니고, 그 수천 종류의 신들 중에도 속하지 않는 특별하신 분이다. 가나안땅에 도착하면 제

일 먼저 그 신(神)을 향해 제사를 드리고 싶은데, 그 신에 대해 아무것도 알 수 없으니…….' 아브라함의 마음이 하나님을 간절히 사모하는 단계에 이른 것을 보고 기뻐하시며 하나님께서는 천사를 통해 아브라함에게 자신의 마음을 알려주시기 위해 서두르셨다.

> 그는 가나안 땅에 이르렀습니다. 아브람이 그 땅을 지나 세겜 땅 모레의 큰 나무 앞에 이르렀는데 당시 그 땅에는 가나안 사람들이 살고 있었습니다. 여호와께서 아브람에게 나타나 말씀하셨습니다. "내가 네 자손에게 이 땅을 주겠다." 아브람은 여호와께서 자신에게 나타나신 그곳에 제단을 쌓았습니다. (우리말 성경, 창 12:5-7)

아브라함은 세겜 땅에 도착하였고 거기서 환상 중에 하나님을 만난다. 그분은 아브라함에게 '이 땅을 네 자손에게 주마.' 하셨다. 무자(無子)한 아브라함에게 자손이 생긴다니 얼마나 놀라운 일인가. 또 그 자손이 얼마나 번성하기에 이 땅을 소유한단 말인가, 생각만 해도 가슴이 뛰는 일이다. 아브라함은 하나님을 만난 그곳에서 제단을 쌓고 제물을 드린다. 아브라함은 이것을 섣불리 다른 사람에게 말하지 않고 마음속에 담아두었다. 그 꿈을 마음에 품고 나서부터 아브라함은 세상을 보는 눈이 달라졌다. 그 땅에는 이미 거민(居民)들이 살고 있었지만, 아브라함은 그들과 같은 주인의식을 갖고 그 땅을 바라보게 되었다. 그리고 그 땅에 대해 자세히 알고 싶었고 두루두루 보고 싶었다. 아브라함은 세겜을 지나 벧엘, 그리고 '점점 남방으로' 옮겨간다(창 12:8-9). 북쪽에서 남쪽으로 국토를 종단하면서 그는 가나안 땅의 규모와 그 비옥함을 보았다. 참으로 가슴 벅찬 여정이었다.

자신의 꿈을 눈으로 확인하며 하나님에 대한 신뢰와 믿음이 자랄 무렵, 그의 믿음을 테스트해보기라도 하듯 큰 어려움이 닥쳐왔다. 그의 땅에 가뭄이 시작된 것이다. 한번 시작된 가뭄은 그칠 줄 모르고 계속되어 극심한 지경까지 이르렀다. 그 어려움을 해결하기 위해 하나님께 간구했더라면 상황은 분명히 달라졌으련만, 아직 간구할 줄 모르는 아브라함은 속수무책으로 바라보기만 했다. 그리고 자신의 가족과 육축들이 위기에 다다르자 이집트로의 도피를 결심한다. 아내를 빼앗길지 모른다는 두려움이 생기기도 했지만 그렇다고 애굽행을 포기할 수 없었다. 그는 아내를 누이라고 속여 자신의 목숨을 연명하기로 한다. 그래서 그의 아내는 바로에게 바쳐지고 만다.

애굽에 가까이 이르렀을 때에 아브라함이 그의 아내에게 말하기를, "내가 알기에 그대는 아리따운 여인이라. 애굽 사람이 그대를 볼 때에 이르기를 '이는 그의 아내라' 하여 나는 죽이고 그대는 살리리니 원하건대 그대는 나의 누이라 하라. 그러면 내가 그대로 말미암아 안전하고 내 목숨이 그대로 말미암아 보존되리라."고 하였다. 아브라함이 애굽에 이르렀을 때에 애굽 사람들이 그 여인이 심히 아리따움을 보았고 바로왕의 고관들도 그를 보고 바로 앞에서 칭찬하므로 그 여인을 바로의 궁으로 이끌어 들인지라. 이에 바로가 그로 말미암아 아브라함을 후대하므로 아브라함이 양과 소와 노비와 암수 나귀와 낙타를 얻었다(창 12:10-16)

아브라함은 그의 선택이 장차 수많은 사람으로부터 끝없이 회자(膾炙)되며 비웃음거리가 되리라는 것을 상상이나 했을까? 설령 그것을 안다고 해도 아브라함의 선택은 달라지지 않았을 것이다. 그는 자신의 목숨과 아내를 지킬 만한 전투력도 없었고 모든 위험에서 구해주시는 하나님께 기도할 줄도 모르고 있었기 때문이다. 다만 그의 특이한 점은 아내를 적군에게 내어준 다음에도 여전히 사랑하며 함께 하려는 마음가짐이 있었다는 것이다. 그런 상황에서 아내를 지켜줄 힘도 없고 용기도 없으면서도, 남에게 내어준 아내를 결코 받아들일 수 없는 대부분 남성들과 비교하면 아브라함의 성품은 분명 남다른 점이 있다. 그에게는 아내를 지켜주지 못한 것에 대한 책임감과 먼 타국에서 수모를 당하는 아내를 불쌍히 여기는 마음이 있는 것이다.

그러나 이것은 지극히 민망한 상황이다. 그래서 그즈음에 하나님께서 '바로와 그 집에 큰 재앙'을 주셔서 그 일이 중단되게 된 것은 참으로 다행스러운 일이었다. 그것은 장차 믿음의 조상이 될 아브라함에 대한 선처임이 분명하다. 바로의 집안에 재앙이 임하자 아브라함 가족은 바로에 의해 서둘러 내어 보내진다. 아브라함은 바로에게 받은 선물까지 더해져서 금, 은과 가축이 풍성해졌고 아내도 다시 찾은 감격에 하나님께 감사를 드린다.

    이 황당한 사건을 지켜보며 하나님께서는 가슴을 쓸어내린다. 순종적인 아브라함을 선택해서 여기까지 인도해오면서 사랑을 베풀었건만 위기 앞에서 순식간에 분별력을 잃는 나약함을 보면서 하나님께서는 중대한 결심을 내린다. 아브라함에게 직접 나타나셔서 그를 깨우쳐주기로 하신 것이다. 하나님에 대해 알려주고 어떻게 섬겨야 하는지에 대해서 가르쳐 줄 사람도 없고 경전(經典)도 없으므로, 이 일은 하나님께서 직접 하셔야만 했다. 그것은 하나님께서 기꺼이 하고 싶은 일이기도 했다. 하나님께 아브라함이라는 존재는 다시 키우고 싶은 인간을 향한 사랑의 싹이기 때문이다. 그 일을 위한 준비가 광범위하게 시작된다. 아브라함과 조카 롯이 각각 소유가 많아지고 가축이 풍성해지면서 종들 간의 분쟁이 일어나자 아브라함은 롯을 다른 지역으로 분가시킨다. 소돔에 정착한 롯이 전쟁에 휘말려 위기에 처하자 아브라함은 직접 싸움에 참전하여 롯을 구해내면서 조카에 대한 걱정을 해결하였다. 아브라함의 주변 상황이 잘 정리되었고, 드디어 아브라함을 위한 중

대한 일의 차례이다.

  창세기 15장에서, 드디어 하나님과 아브라함과의 만남이 전격적으로 이뤄진다. 일방적으로 나타나서 선포하고 사라지는 방법이 아니라 쌍방 간의 대화가 이뤄지는 구체적인 만남이다.[6] 하나님께서는 아브라함에게 자손을 주실 것을 약속하셨고, 또 '나는 너를 갈대아 우르에서 인도해낸' 여호와이며 '너에게 이 가나안 땅을 주기 위해서' 불러낸 것이라고 말씀하셨다. 아브라함은 기쁨을 참지 못하고 반색을 하며 "이것을 제게 주시리라는 것을 어떻게 믿나요?"라고 캐묻는다. 언약 체결을 위한 정식 절차를 요구한 셈이다. 하나님께서는 아브라함에게 '나를 위하여 삼 년 된 암소와 삼 년 된 암염소와 삼 년 된 숫양과 산비둘기와 집비둘기 새끼를 가져올지니라.'고 하셨다.

  그 당시 언약 체결의 풍습은 쪼갠 고기 사이로 두 사람이 지나가는 것이다. 그렇게 체결된 언약을 지키지 않는 사람은 그 짐승들처럼 몸이 찢겨지는 대가(代價)를 치러야 한다는 의미를 지닌 매우 강력하고도 확실한 계약체결법이다. 아브라함은 하나님께서 지시하신 대로 제물들을 가져와서 그들을 쪼개어 제단에 올려놓고 하나님의 임재를 상징하는 불이 제단 위에 임하기를 기다렸다. 그러나 해가 저물도록 하나님의 응답은 임하지 않았다. 피 냄새를 맡은 솔개 떼는 고기를 낚아채려고 결사적으로 달려들었고 그들로부터 제물을 지켜야 하는 아브라함의 사투는 오랫동안 계속되었다. 싸우다 지쳐 쓰러지기 직전 절체절명의 순간에 하나님의 음성이 들린다.

> 너는 분명히 알아라. 네 자손이 다른 나라에서 나그네가 돼 그들을 섬길 것이며 400년 동안 그들은 네 자손을 괴롭힐 것이다. 그러나 내가 네 자손들이 섬기던 그 민족을 반드시 심판할 것이며 그 후 네 자손이 많은 재산을 갖고 나올 것이다 (우리말 성경, 창15; 13-14).

그리고 드디어 하늘로부터 불이 내려와 쪼갠 고기 사이로 지나간다. 불은 하나님의 임재를 상징한다. 쌍방 간의 계약일 때는 함께 지나가야 하지만, 이것은 하나님께서 일방적으로 '그렇게 해주마' 하고 약속하신 것이기 때문에 혼자서 고기 사이로 지나가신다. 이로써 하나님의 아브라함을 향한 약속이 정식으로 체결된 것이다. 아브라함은 언약이 정식으로 체결된 것만으로 흡족한 것일까. 갑자기 제기된 '400년 종살이'에 대해 아무런 반문도 없이 아브라함은 자리를 뜨고, 이 에피소드는 서둘러 끝나버리는데……. 왜 하나님께선 갑자기 400년간의 종살이에 대해 언급하신 것일까. 아브라함이 지금 어떤 잘못을 했기에 그런 응답을 주신 것일까? 그 이유를 알아보기 위해선 세월을 한참 거슬러 올라가야 한다.

태초에, 하나님께서는 아담과 하와를 만들고 무척이나 기쁘고 감격스러워하셨다. 장차 그들과 함께 나눌 좋은 일들을 상상하느라 너무 기뻐서 하나님은 다른 일들, 예를 들면 좀 나쁜 경우의 수에 대해서는 생각할 겨를도 없었다. 오직 사랑에만 빠져 계셨기에…. 그런데 하나님께서 생각지도 못한 악한 일이 벌어지고 말았다. 그들이 망설임도 없이 하나님을 거역하는 일을 저지른 것이다. 더군다나 잘못을 저지르고도 반성의 기미조차 없는 지경이라……. 그것은 하나님이 당장 진노를 퍼부어도 될 만한 괘씸한 일이었지만, 크게 참으시고 조용히 처리하셨다. 그들에게 적정한 벌칙을 부여하는 것으로 사건은 일단락되었지만, 하나님의 아픈 마음까지 해결된 것은 아니었다. 하나님께서는 마음을 추스르며 많은 생각에 잠기신다. 아담과 하와의 배반으로 인한 마음의 충격이 가시기도 전에 벌어진 가인의 살인 행위는 또다시 하나님의 마음을 아프게 찢고……. 인간과의 사랑을 꿈꾸던 창조주 하나님께서는 그들이 벌이는 악한 소행들을 판결하러 다니기에만 바쁜 심판자의 처지가 되어버렸다. 그들과 교제하며 사랑을 나누고 싶었던 하나님의 소원은 허황된 꿈이었을까? 전지전능한 분에게 왜 그런 일이 닥친 것일까. 물론 그분이 하려고 하면 배신당하는 일은 얼마든지 막을 수 있다. 그러나 사랑이 많으신 그분께서는 자녀들을 너무 사랑하는 마음으로 인해, 때때로 드러나는 그들의 악함을 보고도 '그럴 리가 없다'며 다시 그들을 신뢰하다가 번번이 당하신 것이다. 아담과 하와의 맹랑한 짓만 보아도 장차 인간들의 행태를 예측하기가 어렵지 않은 일이건만, 너무 사랑이 많으시고 한없이 선하신 하나님께서는 끝없이 사랑을 퍼부으시다가 번번이 배신의 쓴 잔을 마시게 되었다. 세상에서 선한 사람이 너무 사람을 믿다가 큰 피해를 당하는 것을 보면, 사람들은 '남들도 자기 같은 줄 아는' 그의 순진함이 문제의 원인이라고들 말하는데, 우리 하나님이야말로 너무 사랑이 많으시고 너무 선하신 점이 단점이라면 단점이다. 인간을 향한 그분의 사랑과 오래 참음은 계속되었고 그럴수록 더욱 방자히 행하는 인간들로 하여금 세상에 악이 관영(貫盈)하자, 마침내 하나님은 참아 오신 진노를 쏟아 부어 온 세상을 덮어버리는 대홍수를 일으키신다. 그리고 이때에 하나님께서는 인간을 만든 것에 대해 후회를 하신다. 얼마나 마음이 아프시면 그런 자책의 말씀을 하셨을까. 친히 창조하신 세상이 온통 물로 창일(漲溢)해진 광경을 보면서 하나님의 눈에서도 눈물이 일렁이셨으리라. 홍수 이후, 노아의 가족만 남았고 그의 자손들을 통해 여러 세대가 이어지며 크게 번성하였고, 민족이 하나요, 구음(口音)이 하나이다보니 사람들의 힘이 크게 결집되었다. 강성해질수록 인간들은 점점 교만해져서 하늘을 향해 교만의 탑[바벨탑]을 쌓다가 단번에 흩어지는 벌을 자초한다. 일순간에 구음이 달라져 뿔뿔이 흩어져 떠나면서 그들은 자신들의 잘못이 무엇인지 알기나 하였을까. 그저 황망히 사라지는 그들의 뒷모습을 보며 하나님께서는 어떤 심정이셨을까. 노아의 홍수 때의 심정이 인간 창조에 대한 후회였다면, 이 사건에서는 어떤 심정이실까. 패역한 그들을 아예 잊어버리고 싶지는 않으셨을까? 바벨탑 사건을 전후로 해서 그 이후로 오랫동안 하나님은 세상의 인간들과 아무 말도 하지 않으셨고, 성경은 그들의 계보만을 길게 소개한다. 그중에서 샘의 족보는,

> 셈의 족보는 이러하니라. 셈은 백 세 곧 홍수 후 이 년에 아르박삿을 낳았고, 아르박삿을 낳은 후에 오백 년을 지내며 자녀를 낳았으며, 아르박삿은 삼십오 세에 셀라를 낳았고, 셀라를 낳은 후에 사백삼 년을 지내며 자녀를 낳았으며, 셀라는 삼십 세에 에벨을 낳았고, 에벨을 낳은 후에 사백삼 년을 지내며 자녀를 낳았으며, 에벨은 삼십사 세에 벨렉을 낳았고, 벨렉을 낳은 후에 사백삼십 년을 지내며 자녀를 낳았으며, 벨렉은 삼십 세에 르우를 낳았고, 르우를 낳은 후에 이백구 년을 지내며 자녀를 낳았으며, 르우는 삼십이 세에 스룩을 낳았고, 스룩을 낳은 후에 이백칠 년을 지내며 자녀를 낳았으며, 스룩은 삼십 세에 나홀을 낳았고, 나홀을 낳은 후에 이백 년을 지내며 자녀를 낳았으며, 나홀은 이십구 세에 데라를 낳았고, 데라를 낳은 후에 백십구 년을 지내며 자녀를 낳았으며, 데라는 칠십 세에 아브람과 나홀과 하란을 낳았더라. (창11:10-26)

얼마의 세월이 흘렀을까. 하나님께서는 사방으로 흩어져 대를 이어 살고 있는 그들을 말없이 지켜보고만 계시다가 드디어 그들 중 한 가족에게 시선을 멈추신다. 긴 세월이 지나는 동안 바벨탑에 대해 아픈 추억도 잊고, 다시 사랑을 꿈꾸시는 하나님은 셈의 후손 에벨의 자손에서 아브라함 가족을 택하신다. 혈기방장하지 않고, 크게 교만하지도 않으며, 게으르지 않고 온순한 아브라함을 주목하여 보신 것이다. 하나님에 대해 가르쳐주면 잘 알아듣고 순종할 것 같은 그를 택해서 하나님의 사랑의 꿈을 키우시려는 은밀하고도 중요한 계획을 세우신다.

그리고 소중한 사랑의 싹인 아브라함에게 단계적으로 하나님의 뜻을 드러내시며 가르치신다. 처음에는 마음의 소원을 통해 말씀하셨고, 아브라함이 가나안땅에 도착한 다음에는 좀 더 적극적인 방식을 사용하신다. 아브라함이 제단을 쌓고 그 앞에서 하나님을 부르는 단계에까지 이르자, 하나님께서는 아브라함에게 나타나셔서 그를 향한 놀라운 계획들을 모두 말씀해 주시기로 한다. 인간과 다시 교제하는 이 순간을 하나님께서는 얼마나 기다려왔던가! 하나님께서는 기쁜 마음을 억누르지 못하고 아브라함에게 성큼 다가가서는 사랑이 넘치는 축복의 말씀들을 마구 쏟아놓으신다. 한없이 관대하신 그분 앞에서 아브라함도 편안한 마음으로 반응하며 하고 싶은 말들을 맘껏 한다. (창세기 15장)

"아브라함아, 두려워하지 말라. 나는 너를 지켜주며 장차 큰 복을 주리라."

"하나님, 제게 큰 복을 주신다고 하셨사온데. 저는 자식이 없어서 다메섹 사람 엘리에셀이 상속자가 될 형편입니다. 하나님께서 제게 자식을 주지 않으셔서 우리 집에서 자란 종이 상속자가 되는 것입니다."

"아브라함아, 그 사람은 네 상속자가 아니다. 네가 낳은 자녀가 상속자가 될 것이다. 자, 밖으로 나가서 하늘을 보자. 저 하늘에 있는 별을 네가 능히 셀 수 있겠느냐? 네 자손도 이처럼 많게 되리라."

"하나님, 제게 그런 복을 주실 것을 믿습니다."

"드디어 나를 신뢰하는구나. 착하다.[7] 그리고 이 땅을 너에게 주려고 내가 너를 갈대아 우르에서 이끌어내었느니라."

"하나님, 제가 정말 이 땅을 갖게 되나요? 그것을 어떻게 믿나요. 약속의 징표를 주십시오."

"그래, 그러면 나를 위하여 삼 년 된 암소와 삼 년 된 암염소와 삼 년 된 숫양과 산비둘기와 집비둘기 새끼를 가져오라."

아브라함은 하나님의 지시대로 그 모든 것을 가져다가 그 중간을 쪼개고 그 쪼갠 것을 마주 대하여 놓았는데, 새는 쪼개지 아니하였다. 그리고서 저녁이 되도록 하나님의 불은 임하지 않고 달려드는 솔개 떼 때문에 기진맥진해 버린 것이다. 드디어 해질 때 아브라함을 깊이 잠들게 하시고 꿈속에서 다음과 같이 말씀하신다.

> 너는 반드시 알라. 네 자손이 이방에서 객이 되어 그들을 섬기겠고 그들은 사백 년 동안 네 자손을 괴롭히리니 그들이 섬기는 나라를 내가 징벌할 지며 그 후에 네 자손이 큰 재물을 이끌고 나오리라. 너는 장수하다가 평안히 조상에게로 돌아가 장사될 것이요 네 자손은 사대 만에 이 땅으로 돌아오리니 이는 아모리 족속의 죄악이 아직 가득 차지 아니함이니라(창15:13-16).

그 후 해가 져서 어두울 때에 연기 나는 화로가 보이며 타는 횃불이 쪼갠 고기 사이로 지나간다. 쪼갠 고기 사이로 지나가는 횃불은 곧 하나님이시다. 그 날에 여호와께서 아브라함과 더불어 언약을 세우신 것이다. 애굽 강에서부터 그 큰 강 유브라데까지 가나안 온 땅을 아브라함의 후손에게 주리라는 약속이었다. 그런데 하나님께서는 그 땅을 주시되 400년간의 애굽 종살이를 겪은 후에야 주신다는 것이다. 그 이유는 설명되지 않았고 아브라함도 묻지 않는다. 자신이야 장수하다가 평안히 조상에게로 돌아가 장사될 것이므로 문제 될 것이 없다는 것인지. 아브라함의 태도는 시시콜콜하게 묻던 좀 전의 자세와는 사뭇 다르다. 그는 방금 깨어난 꿈속 분위기의 무시무시함으로 인해 하나님 앞에서 두려워 떨고 있는 것이다. 그렇다면 하나님의 태도는 왜 돌변하신 것일까. 처음에 아브라함과 대화를 주고받을 때는 한없이 자애로우시고 다정했었으나, 제물을 드린 이후 갑자기 사태가 심각해졌다. 무엇이 잘못된 것인가? 그 잘못의 원인은 아브라함이 드린 제물에서 찾을 수 있다. 하나님과의 언약 체결은 쪼갠 고기 사이로 하나님의 임재를 상징하는 횃불이 지나는 것으로 완성되므로, 아브라함은 모든 고기를 쪼개어 마주 놓아야 하는데 '새는 쪼개지 않은 것', 그것이 바로 하나님을 진노하게 한 불순종인 것이다.[8]

'새야 뭐 쪼개나 마나 마찬가지인데 안 쪼개면 어때.'하고 그냥 벌려놓고 응답을 기다리는 아브라함의 태도를 보면서 하나님께서는 인간들에게 여전히 남아 있는 완악함을 발견하시는 것이다. 그것은 분명히 하나님을 만홀히 여기는 태도이며 명백한 교만이다. 아브라함같이 순종적인 인간도 그럴진대 다른 인간들은 얼마나 더 심하겠는가! 하나님께서는 아브라함을 통해 인간들의 실상을 여실히 보시고는 마음이 참담하셨다. 인간과의 사랑[교제]을 다시 시작하려던 하나님의 계획은 아브라함의 무례함으로 인해 순식간에 벽에 부딪히고, 또다시 밀려오는 아픈 기억들로 마음이 괴로운 하나님께서는 온종일 침묵하시며 생각에 잠기신다. 낙원에서 추방시키고, 큰물로 쓸어버리고, 사방으로 흩어버려 힘을 못 쓰게 하며 인간의 완악함을 다스려보았다. 그리고 다시 인간에게 다가가기까지는 적지 않은 기간의 세월이 필요했다. 긴 세월을 멀리서 지켜보다가 신중하게 가려서 아브라함을 택했건만, 온순하고 순종적인 그에게서도 이런 무례함이 금방 드러난다면 다른 사람들은 어떻겠는가. 그들의 완악함은 불을 보듯 뻔 한 것이다.

하나님은 말없이 깊은 생각에 잠기신다. 달려드는 솔개 떼를 쫓아내느라 기진맥진해가는 아브라함을 내려다보신다. 그 솔개는 하나님께서 보내신 것이리라. 뭐가 잘못인지도 모른 채 응답만을 기다리는 아브라함이 부디 늦게라도 잘못을 깨닫고 온전한 제물을 드리길 바라는 마음을 실어서 말이다. 아브라함은 깨닫지 못했고, 모든 기대가 무너져 버린 저녁 무렵 진노하신 하나님께서는 아브라함을 잠시 재워놓고 '너는 분명히 알라'면서 엄히 경고하며 말씀하신다.[9] 완악한 인간을 다스리는 방법은 '400년간의 애굽 종살이'같은 긴 시련을 통해 훈육하는 길밖에 없다는 결론을 내리신 것이다. 다만 아브라함이 그 시련을 겪지 않고 편히 살다가 조상에게 가도록 해주신 것은, 오랜만에 다시 사랑을 꿈꾸며 설렘으로 택한 대상에 대한 배려이기도 하다. 이후로 하나님께서는 이 일[애굽 종살이]에 대해 더 이상 언급하지 않은 채 다음 단계의 계획들을 빈틈없이 실행해 가셨고, 아브라함은 그의 상속자를 얻는 일로 남은 생이 분주해진다. 믿음의 조상이 되기 위해서는 그 일이 가장 중요하고 시급한 일이므로.

아브라함이 새를 쪼개지 않고 바친 일. 그것이 그토록 큰 불순종일까? 하나님 앞에서 인간들이 다 그랬다. '이게 무슨 큰 죄가 되겠느냐?' 하는 생각으로 하와는 선악과를 먹었고, 그 죄성(罪性)이 자라나서 가인은 동생 아벨을 홧김에 죽인다. 그런 인간들이 생육하고 번성하며 살다가 세상에는 악이 가득 차서 대홍수의 징계를 초래하게 된다. 온 세상을 뒤덮을 만한 물을 퍼부어도 씻어지지 않은 인간의 악함은 바벨탑처럼 높아져 하나님께 도전한다. '이 정도야 뭐 괜찮겠지!' 하는 생각은 마귀가 가져다주는 간교함이다. 그런데 일말의 망설임도 없이 그것을 선뜻 받아들이는 인간을 볼 때마다 하나님은 분노하신다. 하나님으로선 인간들의 그런 행태가 도무지 납득이 가지 않으신다. 거룩하신 하나님의 자녀가 어찌해서 거룩하지 않은 것일수록 더 마음 끌려 하는가. 도무지 이해할 수 없는 인간들을 어찌하든지 이해하기 위해서라도 하나님 자신이 세상에 내려와서 그들과 함께 먹고 마시는 비장한 계획은 필요했는지 모른다.

인간을 변화시켜서 거룩한 사람으로 만들기 위해서는 시련과 연단이 필요하다. 삶이 살만할 때는 나태해 있다가 갑작스런 시련이 닥치자 정신이 번쩍 들었고, 비로소 하나님께 집중하면서 소중한 진리를 깨닫게 되었다고 많은 사람들이 고백한다. 이와 같이 하나님께서는 인간에게 가장 적합한 방법으로 이스라엘을 훈련시키셨고 하나님의 백성으로 삼아주셨다. 그 모든 과정의 한가운데 있는

'아브라함과 횃불'의 에피소드는 이토록 많은 것을 이야기해준다.

아울러, 가나안 땅에 원래 거주민이 살고 있었는데 애굽에서 돌아온 이스라엘이 그 땅을 차지해 버린다는 것은 공평한 일일까. 그것은 '네 자손은 4대 만에 이 땅으로 돌아오리니, 이는 아모리 족속의 죄악이 아직 가득 차지 아니함이라(창15:16)'는 말씀 안에 해답이 있다. 현재도 악하지만, 그 죄악이 계속되어 가득한 상태가 될 때,[10] 하나님께서는 애굽에서 돌아오는 이스라엘 백성을 통해 가나안 주민을 진멸함으로써 그들을 심판하시고, 그 땅은 이스라엘 백성에게 주시겠다는 것이다. 마찬가지로 이스라엘이 하나님의 백성이라 할지라도 그들이 죄악을 행할 때는 주변의 이민족이 쳐들어와 그들을 살상하게 하셨다. 오늘날 성도 개개인에 대해서도 그 이웃이나 환경을 통해 상(賞)과 벌을 주시며 다스리신다.

02
여호와의 회의

미가야가 이르되… 내가 보니 여호와께서 그의 보좌에 앉으셨고 하늘의 만군이 그의 좌우편에 모시고 섰는데, 여호와께서 말씀하시기를 누가 이스라엘 왕 아합을 꾀어 그에게 길르앗 라못에 올라가서 죽게 할까 하시니 _대하 18:18-19

예레미야 선지자가 활동하던 시절, 유다가 멸망하기 직전의 심각한 상황에서도 거짓 선지자들은 '평안하다, 평안하다!' 하며 백성들을 잘못된 길로 인도하고 있었다. 이때 하나님께서 거짓 선지자들을 향해 진노의 말씀을 하시는데 다음은 그 말씀의 일부이다.

> 누가 여호와의 회의에 참여하여 그 말을 알아들었으며 누가 귀를 기울여 그 말을 들었느냐……. 이 선지자들은 내가 보내지 아니하였어도 달음질하며 내가 그들에게 이르지 아니하였어도 예언하였은즉 그들이 만일 나의 회의에 참여하였더라면 내 백성에게 내 말을 들려서 그들을 악한 길과 악한 행위에서 돌이키게 하였으리라 (렘 23:18, 21-22)

'이 선지자들'은 거짓 선지자를 가리키는 말이며, '내 말'은 하나님의 말씀이다. 거짓 선지자들은 여호와의 회의에 결코 참여하지 못하며, 하나님의 말씀도 듣지 못하였는데 어찌하여 백성들에게 예언하고 다니느냐 하는 책망의 말씀이다. 그렇다면, '여호와의 회의'는 무엇인가? 여호와 회의의 모습은 성경의 여러 군데에서 부분적으로 묘사되어 있는데, 그중에서 미가야 선지자의 진술은 매우 구체적이다. 역대하 18장에서 그는 다음과 같이 여호와의 회의를 묘사하고 있다. 〈여호와의 회의에 대한 미가야의 묘사〉

내가 여호와께서 하늘 보좌 위에 앉아 계신 것을 보았습니다. 하늘의 모든 군대가 그분의 오른쪽과 왼쪽에 서 있었습니다. 여호와께서 '누가 아합을 꾀어 길르앗 라못에 올라가서 죽게 하겠느냐?'고 하셨습니다. 누구는 이렇게 하겠다고 하고 누구는 저렇게 하겠다고 했습니다. 드디어 한 영이 앞으로 나오더니 여호와 앞에 서서 말했습니다.
'제가 그를 꾀겠습니다.' 여호와께서 물으셨습니다. '어떻게 하겠느냐?' 그가 대답했습니다. '제가 나가서 그의 모든 예언자들의 입에 들어가 거짓말하는 영이 되겠습니다.' 여호와께서 말씀하셨습니다. '너는 그를 잘 꾈 것이다. 가서 그렇게 하여라.'(우리말 성경, 대하 18:18-21).

이것은 마치 어전회의와 같은 모습이다. 하나님께서 천사들에게 자신의 계획을 알려주시고 그 실현 방법을 묻는 방식의 회의이다. 전능하신 하나님께서 천사들의 의견을 묻고 존중해주는 광경이 매우 은혜롭다. 천사들은 자신의 의견이 채택되면 세상에 나가서 그 일이 성취되도록 최선을 다하며 하나님께 충성한다.

BC 9세기, 북이스라엘의 미가야 선지자는 여호와의 회의 광경을 직접 보았다. 그는 예언의 분량이 많지는 않지만 직접 여호와의 회의에 참여해서 하나님의 비밀을 보았다는 점에서 독보적인 존재로 이름을 남기고 있다. 삼층천(셋째 하늘)에서 열리는 하나님의 회의를 직접 본다는 것은 지극히 신령한 영적 체험임이 분명하다.[11] 미가야 선지자는 아합왕에게 나쁜 것만 예언하여 왕의 미움을 산다.[12] 아합은 막강할 권력을 쥐고 있는 왕이었으므로 그에게 나쁜 것만을 예언하는 것은 목숨을 담보로 하는 위험한 일임이 틀림없다. 특히 길르앗 라못 전투를 앞두고 있었던 예언 선포에서는 그 위험이 절정을 이룬다. 아합의 400명의 궁중 선지자들이 모두 '싸우러 가소서!' 하며 승리를 예언하고 있을 때, 오직 미가야만 '전쟁의 패배와 아합의 죽음'을 예언해야 했던 것이다. 아합은 분노하며 미가야를 죽이려고 했지만, 미가야는 물러서지 않고 여호와의 회의 장면을 알려주며 더욱 간곡히 회개를 촉구한다. 그것이 바로 위에서 언급한 〈여호와의 회의에 대한 미가야의 묘사〉이다.

　미가야는 400인의 예언자들이 한결같이 승리를 예언한 배경에 대해 상세히 알려주고, 그것은 아합을 길르앗 라못에 올라가서 죽게 하려는 하나님의 계획에 의한 것임을 알려준 것이다. 그러나 아합은 그 말에 귀를 기울이지도 않았고 분개하여 미가야를 옥에 가둔다. 그리고 길르앗라못 전투에 참여하여 비참한 최후를 맞이한다. 그런데 하나님께서는 아합을 죽이고자 했으면서 왜 미가야를 통해 그 비밀을 알려주도록 하였을까? 미가야를 왜 여호와의 회의에 참여시켜 보게 하였을까? 오므리 왕조로 인해 이스라엘이 우상숭배의 죄악에 깊숙이 빠져들었고 그중에서도 아합왕의 잘못된 통치로 인한 이스라엘의 죄악이 넘치고 있었다. 그래서 이제는 드디어 아합을 심판해야 하는 단계에 다다랐는데, 하나님은 그를 심판하기로 하면서도 그가 회개할 수 있는 마지막 기회를 주시려는 것이다. 아합의 회개는 곧 북이스라엘의 운명과 깊은 관련이 있기 때문이다. 그가 지금이라도 회개하여 이스라엘을 잘 다스린다면, 이스라엘이 멸망의 길로 가는 것을 막을 수도 있는 것이다.

그래서 그때에 가장 신실한 예언자인 미가야를 여호와의 회의에 참여시키고 하나님의 계획을 넌지시 보여주신다. 기도에 전념하여 영적으로 깊은 단계에 도달한 자라야 여호와의 회의에 참여하는 영광을 누릴 수 있다. 또 그와 같은 영광을 누렸으므로 그에 따른 책무도 커진다. 거기서 본 것을 목숨을 걸고 선포해야 하는 것이다. 미가야는 담대히 선포했고, 그로 인해 강력한 비난과 살해의 위협이 따랐으나 절대 뜻을 굽히지 않았다. 미가야의 예언대로 아합왕이 길르앗 전투에서 죽임을 당함으로써 백성들은 미가야 선지자가 참 선지자임을 알았을 것이다.

그런데 여호와의 회의에 때때로 사탄도 등장한다. 사탄은 지극히 악한 영이며 저주받은 영이지만, 예수님이 재림하셔서 그들을 무저갱에 처넣어 멸망시키기 전까지는 이 세상에서 활개를 치고 다닌다. 세상에서 성도들에게 온갖 악한 생각을 주어 죄를 짓도록 유혹하다가, 그들이 죄를 범하는 순간 그들을 비방할 거리가 생겼으므로 하나님 앞에 나간다. 성도에게 심각한 죄가 있는 경우에 사탄은 하나님 앞에 나가 죄인에 대한 신속한 처단을 강력하게 주장하며 자신들의 뜻이 관철될 때까지 하나님을 괴롭게 하고, 하나님께서는 죄를 범한 자녀를 그들에게 내어주어, 일정 기간 큰 수치와 곤욕을 당하게 되는 것이다. 다윗의 경우처럼 말이다. 다윗이 죄를 범하자 선지자 나단은 다윗에게 '이 일로 말미암아 여호와의 원수(사단)가 크게 비방할 거리를 얻게 하였다'(삼하12:14)는 말로 책망을 한다.

욥기 1장에 나오는 여호와의 회의는 독특하다. 하나님께서 사탄의 제안을 들으시는 광경이 목격되는데 이 경우에는 그의 의견이 타당해서 채택하는 것이 아니라 그의 질투심을 이용해서 욥을 훈련시키시려는 의도로 볼 수 있다. 그래서 욥을 그들에게 내어주신다. 욥은 강한 훈련과 연단을 통해 더욱 의로운 모습으로 변화되고, 사단이 다시는 욥에 대해 트집 잡지 못하도록 일을 처리해 나가신다. 하나님은 한없이 공의로우셔서 악한 자들조차도 트집 잡을 수 없도록 세상을 공정하게 다스리시는 것이다.

그렇다면 여호와의 회의에는 어떻게 참여할 수 있을까? '거짓 선지자들은 여호와의 회의에 참석하지 않았고, 하나님의 말씀을 듣거나 보지 못했고, 하나님의 말에 귀 기울이지도 않았다.'(렘23:18)라는 말씀에서 어떤 영적 단계를 발견할 수 있다. 제1단계는 하나님의 말씀에 귀 기울이는 것이고, 제2 단계는 하나님의 말씀을 듣고 보는 것이며, 제3 단계가 여호와의 회의에 참여하는 것이다. '하나님의 말씀에 귀 기울이기'는 열심히 기도하여 성령의 인도하심 따라 살면서 말씀을 연구하는 단계이다. 여기서 성실하게 최선을 다하다 보면 다음 단계에 이르게 된다. 그래서 제2단계에서는 마음을 통해 들리는 하나님의 말씀을 듣고, 꿈이나 환상을 통해서 하나님의 계시를 보게 된다. 제2단계에서도 신령한 예언자적 삶이 가능하다. 그리고 제3단계에 이르는 것은 매우 제한적일 것이다. 사안이 매우 중차대한 경우에 하나님께서는 그 시대에 가장 신실한 선지자를 여호와의 회의에 참여시키신다. 미가야처럼.

선지자로서 크게 활약한 사람들이 모두 여호와의 회의에 참여한 것은 아니다. 그들 대부분은 '하나님의 말씀을 듣고 보는' 영적 능력만으로도 참 선지자의 역할을 훌륭하게 수행했다. 여호와의 회의에 참여하는 것은 결코 쉬운 일이 아니어서 우리들 대부분은 그 영광스런 자리에 참여하지 못할 것이다. 그러나 오늘날에도 천상(天上)에서는 여호와의 회의가 열리고 있다는 것을 기억해야 한다. 우리들을 통해 하나님의 거룩하신 뜻을 이루기 위해 그의 사자(使者)인 천사들을 보내어 우리를 도우시고 이끌어주신다. 다만, 신약에서는 천사 대신에 '성령'이 빈번하게 등장한다.

03
야곱의 장자권

꿈에 본즉 사닥다리가 땅 위에 서 있는데 그 꼭대기가 하늘에 닿았고 또 본즉 하나님의 사자들이 그 위에서 오르락내리락 하고, 또 본즉 여호와께서 그 위에 서서 이르시되 나는 여호와니 너의 조부 아브라함의 하나님이요 이삭의 하나님이라 네가 누워 있는 땅을 내가 너와 네 자손에게 주리니 _창 28:12-13

"나의 종 야곱아, 나의 종 이스라엘아!"

이 얼마나 듣기 좋은 말인가. 이는 야곱을 향한 하나님의 사랑과 기대가 듬뿍 담겨 있는 표현임에 틀림없다. 그러나 야곱이라는 인물은 대개 '사기꾼이요, 술수에 능한 자요, 지독하게 약삭빠른 놈'으로 불린다. 그 평가가 적절하다면 하나님께서는 아주 파렴치한 자에게 '이스라엘'이라는 거룩한 이름을 주신 셈이 된다. 하나님께서는 일부러 그런 자를 택하신 것인가? 그것이 아니라면 야곱은 어떤 오해를 받고 있는 것이다.

에서와 야곱의 등장은 처음부터 평범하지가 않았다. 태중에서 그들이 얼마나 심하게 싸웠던지 모친인 리브가는 그 문제를 위해 하나님께 간절히 기도하기에 이른다. 여인들만이 알 수 있는 일이거니와 뱃속 태아의 활기찬 움직임은 어미에게 큰 기쁨이다. 그것이 활기찰수록 건강하다는 증거이므로 더욱 뿌듯하며, 때때로 '아얏'하는 비명을 지르면서도 그것은 분명히 눈물 나게 행복한 순간이다. 그런데 모친 리브가가 하나님께 기도해야 할 정도였다면 그것은 분명 심각한 상태인 것이다. 도대체 태아에게 무슨 일이 있는 것은 아닌지 염려되고 궁금해서 부득불 기도했을 때, 하나님께서는 기다렸다는 듯이 답변을 해주시는데 그 내용이 매우 독특하다.

두 국민이 네 태중에 있구나! 두 민족이 네 복중에서부터 나누이

리라. 이 족속이 저 족속보다 강하겠고 큰 자가 어린 자를 섬기
리라(창25:23).

이처럼 중요한 것을 리브가에게 알려주기 위해 하나님께서는 일시적으로 태아의 태동을 격렬하게 하셨고 리브가로 하여금 기도하지 않고는 견딜 수 없게 하신 것이다. 그런데 '작은 자가 큰 자를 섬기리라.'는 하나님 예언의 말씀은 무슨 의미일까. '작은 녀석이 아주 악착같아서 장차 형의 권한을 빼앗는 일이 생길 것'이라는 어쩔 수 없는 사태에 대한 예고였을까? 그래서 '장차, 내 예언이 맞는지 두고 보라'는 식의 단순한 예언이었을까? 그렇지 않다. 아브라함의 후손 중에서 메시야가 오실 것인데, 그런 특별한 집의 장자를 세우는 일이 어찌 하나님의 섭리하심 없이 가능하겠는가. 그 중요한 일을 약삭빠른 한 인간에 의해 주도적으로 성취되도록 내버려 두지는 않으실 것이다, 결코.

그러므로 야곱의 욕심에 의해 장자권이 옮겨갔다고 보는 것은 적절하지 않은 해석이다. 아브라함 후손들의 '장자권' 문제에 대해서는 하나님께서 가장 관심을 두고 관여하셔야 할 일이었으므로, 야곱이 장자권을 갖게 된 것은 하나님의 뜻이라고 보는 것이 오히려 타당하다. 그런데 야곱이 장자로 태어나면 간단한 일이었으나 차자로 태어나게 하심으로써, 그들의 장자권을 바꾸기 위해서는 누군가의 특별한 수고가 필요한 상황이 되었다. 즉 하나님께서 모

든 것을 다 하지 않으시고 인간 몫으로 중요한 일을 꼭 남겨두신다. 그 일을 감당함으로 인해 복을 받게 하시려고. 그리고 이 일에 있어서 그것은 다름 아닌 리브가의 몫이었는데…….

두 아들을 키우면서 이삭은 큰아들 에서를 매우 사랑한나. 장사를 더 미더워하고 기뻐하는 대부분의 아비들이 그렇듯이 말이다. 그러나 집을 떠나 있기를 좋아하다가 이방 여인을 아내로 취한 에서의 행실 때문에 리브가는 늘 마음이 무겁다. 쇠약해진 남편과는 더 이상 함께 상의할 수도 없이 혼자만의 근심거리가 된 것이다. 그러다가 가끔씩 생각나는 '작은 자가 큰 자를 섬기리라'는 하나님의 말씀에 위로를 얻기도 한다. '아, 하나님께서 야곱을 장자로 삼아주시겠다는 건가?' 그러나 현재로선 장자권이 차자에게 넘어간다는 것은 거의 불가능한 일이다. 하나님께서 하셔야만 가능한 일인 것이다. 그래서 그 일을 생각할 때마다 리브가에게는 막연한 기대감과 함께 알 수 없는 두려움이 피어오른다.

늙은 아비 이삭은 쇠약해져서 가족도 잘 알아보지 못할 지경인데 맏아들 에서는 여전히 멀리 나가기를 좋아하여 집을 비우고, 야곱은 변함없이 어머니를 돕고 있을 때 그 일이 갑자기 시작되었다. 늙은 이삭이 에서에게 장자의 축복 기도를 해주겠다는 것이다. 갑자기 닥친 중차대한 상황에서 리브가는 기민하게 반응한다. 차자(次子)를 장자가 되게 하는 일에서 자신의 역할이 필요함을 인식하고 재빠르게 움직이는 것이다. 평소에 형님의 장자권을 부러워하던 야곱이었지만 엄마로부터 형님 대신 축복기도를 받으라는 말에는 적잖이 당황하며 겁을 낸다. 이 일이 하나님의 뜻인 것을 아는 리브가는 신속하고도 간곡하게 야곱을 설득한다. "이 일에 대해 너는 책임이 없다. 내가 다 책임질 테니 걱정하지 말고 그대로 하라."[13] 엄마의 비장한 태도에 야곱도 사안의 중대함을 깨닫고 지시대로 따른다. 에서의 옷을 입고 매끈한 살갗을 염소 털로 변장하여 아버지의 축복기도를 받는다. 차자가 장자권을 받는 일에 성공한 것이다.

> 이삭이 그에게 이르되 내 아들아 가까이 와서 내게 입 맞추라. 그가 가까이 가서 그에게 입 맞추니 아버지가 그의 옷의 향취를 맡고 그에게 축복하여 이르되 내 아들의 향취는 여호와께서 복 주신 밭의 향취로다. 하나님은 하늘의 이슬과 땅의 기름짐이며 풍성한 곡식과 포도주를 네게 주시기를 원하노라. 만민이 너를 섬기고 열국이 네게 굴복하리니 네가 형제들의 주가 되고 네 어머니의 아들들이 네게 굴복하며 너를 저주하는 자는 저주를 받고 너를 축복하는 자는 복을 받기를 원하노라(창: 26-29).

참으로 숨 막히는 순간이었다. 모든 것은 순식간에 일사천리로 진행되었다. 하나님께서 사람이 예측하지 못한 방법으로 역사하셨기 때문이다. 리브가는 이 일에 대해 잘 알고 있었지만, 그래도 자신이 감당해야 할 몫이 '남편을 속여야 하는' 일인 줄은 미처 몰랐다. 갑자기 벌어진 일이고 상황이 급박하게 진행되다 보니 얼떨결에 해낼 수 있었다. 그렇게 할 수밖에 없었다. 중차대한 일 앞에서 망설이고 있다가는 '이 일을 속히 하지 않으면 네게 화가 임하리로다.'하는 말씀이 우리 심장을 쿵쾅거리게 하기 때문에. 하긴 그런 강권하심이 있어야 리브가처럼 순종적이고 착한 아내가 남편을 속이는 일을 감행할 수 있는 것이다. 아무튼 그것은 결코 쉬운 일이 아니었고, 또 리브가는 사랑하는 아들을 멀리 떠나보내는 일도 감내해야 했다. 집안의 불행을 막기 위한 불가피한 조처로써….[14] 야곱은 급히 삼촌 라반의 집으로 도피하였고 험난한 타국생활을 시작한다.

그렇다면, 야곱은 왜 그렇게 장자권을 부러워하며 탐을 내었는가? 만일, 에서가 장자 역할을 잘하고 있는 상황에서 야곱이 그런 생각을 품었다면 그것은 비난받을 만한 일이겠으나, 에서가 장자권을 소홀히 여기고 있는 상황에서 그런 생각을 품은 것은 다행스러운 일이다. 에서가 장자답지 않은 모습을 보임으로써, 하나님께서 그 축복을 야곱에게로 옮기셨다고도 볼 수 있다. 하나님의 백성을 많이 생산하고 국가의 기틀을 세우는 준비를 위해서는, 장자권에 대해 무관심하고 무책임한 에서보다 의욕적이고 집착이 강한 야곱이 훨씬 합당한 재목인 것이다. 에서는 사냥도 잘하는 매우 남자다운 인물로 평가된다. 그러나 호방한 성품으로 인해 멀리 나가기를 좋아하고 결국은 이방 여인들과 결혼하여 부모님을 근심하게 했다. 하나님께서는 에서의 성품과 기질을 미리 아시고 야곱을 장자로 삼기 위해 리브가를 통해 준비해 오셨다. 이삭의 축복기도 사건은 하나님의 전적인 개입에 의해서 실현된 것이다. 장자권을 소홀히 여긴 에서보다 그것을 간절히 사모한 야곱이 더 하나님의 사랑을 받고 선택받는 것은 매우 당연한 귀결이다.

하란을 향해 도주하던 중 벧엘에서의 체험은 하나님께서 야곱과 함께하심을 보여주는 확실한 증거였다. 갑자기 집을 떠나면서 마음이 괴로운 야곱을 위로하기 위해 하나님께서는 천사가 하늘과 땅을 오르내리는 신비한 광경을 보여 주시며, "내가 너와 함께 있어 네가 어디로 가든지 너를 지키며 너를 이끌어 이 땅으로 돌아오게 할지라. 내가 네게 허락한 것을 다 이루기까지 너를 떠나지 아니하리라." 하는 위로의 말씀도 주셨다(창28:15). 장자권과 관련한 야곱의 일련의 행위들이 야곱의 욕심이 아닌, 하나님의 뜻에 의한 것임을 충분히 입증해주는 대목이다. 삼촌 라반과의 사건에서도 야곱이 더 잘못한 것으로 평가되는데 그것은 처음부터 야곱을 나쁘게 보기 시작했기 때문에 그런 편견이 계속된 것이다. 라반은 야곱의 품삯을 여러 번 변경했고, 야곱의 소유가 늘어나자 노골적으로 적대감을 표현하기도 했다.[15] 야곱은 그런 삼촌 밑에서 자신의 재산을 지키기 위해 최선을 다해야 했고, 결정적인 순간에는 하나님께서 확실하게 도와주셨다. 이 일에 대해 야곱이 부정직했더라면 그런 도움은 불가능했을 것이다.

하란에서의 모든 고생과 시련은 야곱을 더 강하게 훈련시키기 위한 과정이었다. 죽음을 앞둔 사람처럼 갑자기 서둘러 자식에게 축복 기도를 해주었던 늙은 아비 이삭이 그 후로도 20년 이상 생존한 것을 보면, 이삭의 축복기도 사건은 야곱을 제대로 고생시키기 위한 하나님의 작전인 것이 분명하다. 하나님께서는 야곱이 훈련을 마치고 돌아온 뒤에야 이삭을 데려감으로써 그가 아버지의 임종을 지켜 드릴 수 있도록 선처해주시기도 한다. 이삭도 야곱을 향한 하나님의 뜻을 깨닫고 편안히 잠들었을 것이다.

아브라함이 '이삭을 모리아 산에 바치라'는 하나님의 계시를 아내에게 발설하지 않은 것처럼, 리브가에게도 '큰 자가 어린 자를 섬기리라'는 계시에 대해 함구하도록 하는 암묵적 지시가 있었을 것이다. 하나님의 계시대로 야곱이 장자의 축복을 받게 하려고 리브가는 진땀을 빼야 했다. 축복기도 사건 이후 큰아들 에서는 더욱 가족을 멀리했고, 늙은 이삭을 돌보며 살림을 꾸려가는 일은 온전히 리브가의 몫이 되었다. 자식도 없이 얼마나 적적하고 힘든 일이었을까. 끝까지 야곱을 불러들이지도 않은 것은 그 모든 과정이 야곱을 훈련시키기 위한 하나님의 섭리임을 깨달았기 때문이었으리라. 하나님께서 사역을 완성하기 위해 인간에게 남겨둔 몫은 적지 않은 수고를 필요로 하며, 그 수고에 대한 상(賞) 또한 작지 않다. 리브가는 이스라엘(야곱)의 어미답게 자신의 사명을 잘 감당해 내었다. 이처럼 야곱이 장자의 축복을 받는 사건에는 리브가의 적극적이고 주도적인 역할이 분명히 있는데도 불구하고 오직 야곱에 의해 장자권이 넘어간 것처럼 해석하는 것은 매우 잘못된 해석이다. 그것은 리브가의 역할을 완전히 무의미한 것으로 간주하는 셈이 되기 때문이다. 또 야곱과 리브가가 함께 계략을 짠 것처럼 해석하는 것도 매우 위험하다. 그것은 하나님의 계시를 완전히 무시하는 태도이기 때문이다.

> 두 국민이 네 태중에 있구나! 두 민족이 네 복중에서부터 나누이리라 이 족속이 저 족속보다 강하겠고 큰 자가 어린 자를 섬기리라(창25:23).

이것은 그로부터 수십 년 후에 일어날 일에 대한 예언의 말씀이었다. 중요한 것일수록 하나님께서는 매우 일찌감치 예언하신다. '형들이 모두 요셉에게 절하게 되리라'는 요셉의 꿈을 통한 예언이 그랬고, 장차 오실 예수님에 대한 예언이 그러하였다. 그리고 예언이 실현되기까지는 선택된 소수의 헌신이 있었다.

04

레위인의 첩이라

그 때에 이스라엘에 왕이 없으므로 사람이 각기
자기의 소견에 옳은 대로 행하였더라 _삿 21:25

'지도자 여호수아가 죽은 후' 사사 시대에 이스라엘 백성들은 하나님에 대한 무관심과 무지로 인해 점점 타락해 간다. '사사기' 마지막 부분에서는 이 어두운 시대를 반영하는 사건들이 전해진다. 미가의 신당(17장)과 단지파의 이동(18장) 그리고 레위인의 첩 사건(19)과 이스라엘의 전쟁(20장)등이다. 여기에는 '이때 이스라엘에 왕이 없으므로 사람들이 각자 자기 소견대로 행했다.'고 하는 구절이 여러 번 반복된다. '미가의 신당' 이야기는 그 당시 사람들이 우상을 부어 만들고 자신을 위해 신당을 세우며, 임의로 제사장으로 세우는 등의 종교적 타락상을 적나라하게 보여준다. 여기서 레위인은 자신의 성읍을[16] 임의로 떠나 품삯을 받으며 거할 곳을 찾다가 미가의 신당 제사장이 된다. 단지파는 가나안땅을 떠나[17] 새로이 거주할 곳을 찾아 북쪽으로 올라가면서 악독을 일삼는다. 미가의 신당에서 제사장으로 있는 레위인에게 자신들의 앞날에 대해 점치듯 묻고, 나중에는 미가의 신당에 있는 신상을 탈취하여 가져가고 그 레위인도 데리고 가서 라이스에 '단 지파용 성소'를 따로 세운다. 엄연히 중앙 성소가 있는데 말이다.

그리고 이어서 등장하는 '레위인의 첩' 이야기. 민망하고도 통탄스러운 이 이야기는 19-20장 전체에서 매우 담담하게 서술되는데 그 차분함 뒤 감춰진 하나님의 깊은 슬픔이 생생히 느껴져 어느 한 대목도 그냥 지나칠 수 없게 만든다. 아무리 타락한 시대라고 해도 그렇지 어찌 레위인 마저 타락해서 첩을 둔단 말인가. 그뿐만 아니라 이어서 계속되는 레위인의 행적은 실로 통탄을 금치 못하게 하는데……. 사사기 19장과 20장을 하나님의 심정으로 다시 읽어본다.

> 이스라엘에 왕이 없을 그때에 에브라임 산지 구석에 거류하는 어떤 레위 사람이 유다 베들레헴에서 첩을 맞이하였더니 그 첩이 행음하고 남편을 떠나 유다 베들레헴 그의 아버지의 집에 돌아가서 거기서 넉 달 동안을 지내매 그의 남편이 그 여자에게 다정하게 말하고 그를 데려오고자 하여 하인 한 사람과 나귀 두 마리를 데리고 그에게로 가매 여자가 그를 인도하여 아버지의 집에 들어가니 그 여자의 아버지가 그를 보고 기뻐 하니라.(삿 19:1-3)

너 레위인아, 너는 어찌 너의 성읍을 떠나 산골에서 지내며 어찌하여 첩을 취하여 지낸단 말이냐. 그 첩이 음행을 저지르고 친정으로 도망가는구나. 그가 제 발로 나간 것은 얼마나 잘된 일이냐. 네가 죄악에서 돌아설 수 있는 절호의 기회로구나. 그런데 첩을 찾아 길을 떠나는 너 레위인이여! 그 여자의 마음을 달래서 데려오려고, 종과 함께 나귀 두 마리를 끌어내어 길을 떠나는구나. 그 여자의 아비가 보기에는 얼마나 고마웠겠느냐. 그가 너를 보고 기쁘게도 맞이하는구나.

> 그의 장인 곧 그 여자의 아버지가 그를 머물게 하매 그가 사흘 동안 그와 함께 머물며 먹고 마시며 거기서 유숙하다가 넷째 날 아침에 일찍이 일어나 떠나고자 하매 그 여자의 아버지가 그의 사위에게 이르되 떡을 조금 먹고 그대의 기력을 돕운 후에 그대의 길을 가라 하니라. 두 사람이 앉아서 함께 먹고 마시매 그 여자의 아버지가 그 사람에게 이르되 청하노니 이 밤을 여기서 유숙하여 그대의 마음을 즐겁게 하라 하니 그 사람이 일어나서 가고자 하되 그의 장인의 간청으로 거기서 다시 유숙하더니 다섯째 날 아침에 일찍이 일어나 떠나고자 하매 그 여자의 아버지가 이르되 청하노니 그대의 기력을 돕우고 해가 기울도록 머물라 하므로 두 사람이 함께 먹고 (삿19:4-8)

너를 반가이 맞이하며 함께 유하기를 권하니, 너는 그와 함께 사흘을 먹고 마시며 즐거이 지내고는 그것도 모자라 또 이틀을 유하다가 닷새째 저녁에서야 일어서는구나. 분별력도 없고 결단력도 없이 대접받기를 좋아하는 너 레위인아. 레위인의 신분으로 첩을 두고 있는 것도 부끄러운 일이건만 어찌 첩의 부모 집에까지 찾아가며 그들과 즐거이 지낸단 말이냐. 사위 대접받는 일이 뿌듯했었느냐, 레위인으로서 대접받음이 보람 있었느냐, 분별력도 없고 결단력도 없이 대접받기만 좋아하는 너 레위인이여.

> 그 사람이 첩과 하인과 더불어 일어나 떠나고자 하매 그의 장인 곧 그 여자의 아버지가 그에게 이르되 보라 이제 날이 저물어 가니 청하건대 이 밤도 유숙하라 보라 해가 기울었느니라. 그대는 여기서 유숙하여 그대의 마음을 즐겁게 하고 내일 일찍이 그대의 길을 가서 그대의 집으로 돌아가라 하니 그 사람이 다시 밤을 지내고자 하지 아니하여 일어나서 떠나 여부스 맞은편에 이르렀으니 여부스는 곧 예루살렘이라 안장 지운 나귀 두 마리와 첩이 그와 함께하였더라. 그들이 여부스에 가까이 갔을 때에 해가 지려 하는지라 종이 주인에게 이르되 청하건대 우리가 돌이켜 여부스 사람의 이 성읍에 들어가서 유숙하십시다 하니 주인이 그에게 이르되 우리가 돌이켜 이스라엘 자손에게 속하지 아니한 이방 사람의 성읍으로 들어갈 것이 아니니 기브아로 나아가리라 하고 또 그 종에게 이르되 우리가 기브아나 라마 중 한 곳에 가서 거기서 유숙하자 하고 모두 앞으로 나아가더니 베냐민에 속한 기브아에 가까이 이르러 해가 진지라. (삿19:9-14)

그렇게 다시 첩을 데려오는 길이 보람 있고 뿌듯하더냐. 여전한 죄의 길을 가면서 그 길이 평탄 할 줄 알았느냐. 너 같은 죄인을 악인이 방해한다고 해서 내가 지켜줄 줄 알았더냐. 결코, 그럴 수 없음이라. 외식하는 너 레위인아, 이방 성읍 여부스로는 들어갈 수 없다고 멀리 기브아 땅까지 가느라 시간이 지체되고 날은 저물었구나. [18] 이방성읍을 피한다고 평안할 줄 알았느냐? 레위인이라고 해서 다 거룩하지는 않은 것처럼 이스라엘 땅이라고 해서 다 안전한 것은 아닌 줄을 몰랐더냐.

　기브아에 가서 유숙하려고 그리로 돌아 들어가서 성읍 넓은 거리에 앉아 있으나 그를 집으로 영접하여 유숙하게 하는 자가 없었더라. 저녁때에 한 노인이 밭에서 일하다가 돌아오니 그 사람은 본래 에브라임 산지 사람으로서 기브아에 거류하는 자요. 그곳 사람들은 베냐민 자손이더라. 노인이 눈을 들어 성읍 넓은 거리에 나그네가 있는 것을 본지라 노인이 묻되 그대는 어디로 가며 어디서 왔느냐 하니 그가 그에게 이르되 우리는 유다 베들레헴에서 에브라임 산지 구석으로 가나이다. 나는 그곳 사람으로서 유다 베들레헴에 갔다가 이제 여호와의 집으로 가는 중인데 나를 자기 집으로 영접하는 사람이 없나이다. 우리에게는 나귀들에게 먹일 짚과 여물이 있고 나와 당신의 여종과 당신의 종인 우리들과 함께 한 청년에게 먹을 양식과 포도주가 있어 무엇이든지 부족함이 없나이다 하는지라.
그 노인이 이르되 그대는 안심하라 그대의 쓸 것은 모두 내가 담당할 것이니 거리에서는 유숙하지 말라 하고 그를 데리고 자기 집에 들어가서 나귀에게 먹이니 그들이 발을 씻고 먹고 마시니라. 그들이 마음을 즐겁게 할 때에 그 성읍의 불량배들이 그 집을 에워싸고 문을 두들기며 집주인 노인에게 말하여 이르되 네 집에 들어온 사람을 끌어내라 우리가 그와 관계하리라 하니 집주인 그 사람이 그들에게로 나와서 이르되 아니라 내 형제들아, 청하노니 이 같은 악행을 저지르지 말라 이 사람이 내 집에 들어왔으니 이런 망령된 일을 행하지 마라. 보라 여기 내 처녀 딸과 이 사람의 첩이 있은즉 내가 그들을 끌어내리니 너희가 그들을 욕보이든지 너희 눈에 좋은 대로 행하되 오직 이 사람에게는 이런 망령된 일을 행하지 말라 하나 (삿19:15-24)

저기 어느 불쌍한 노인이 너를 발견하고 다가오는구나. 그가 너를 영접하기 원하므로 네가 또 거드름을 피우고 있구나. 나귀에게 먹일 것과 너희들이 먹을 양식이 충분함으로 자랑하느냐, 네가 집을 떠날 때보다 집으로 돌아갈 때 가진 것이 더 많아졌으므로 뿌듯해 하는구나. 네가 악할지라도 너를 대접하는 노인의 자비는 내가 선으로 갚아 주리라. 보라, 드디어 그들이 오는구나. 네가 첩의 집에 머물며 여러 날 즐기는 동안 그들은 악을 도모하며 너처럼 비루한 자를 기다렸다. 네가 때를 맞춰 잘도 와 주었구나. 너희들이야 그 죄악을 따라 수치를 당하려니와 노인에게는 그럴 수 없음이니 그의 처녀 딸은 구해냄이 마땅하도다.

무리가 듣지 아니하므로 그 사람(레위인)이 자기 첩을 붙잡아 그
들에게 밖으로 끌어내매 그들이 그 여자와 관계하였고 밤새도
록 그 여자를 능욕하다가 새벽 미명에 놓은 지라. 동틀 때에 여
인이 자기의 주인이 있는 그 사람의 집 문에 이르러 엎드러져 밝
기까지 거기 엎드러져 있더라. 그의 주인이 일찍이 일어나 집 문
을 열고 떠나고자 하더니 그 여인이 집 문에 엎드러져 있고 그의
두 손이 문지방에 있는 것을 보고 그에게 이르되 일어나라 우리
가 떠나가자 하나 아무 대답이 없는지라 이에 그의 시체를 나귀
에 싣고 행하여 자기 곳에 돌아가 (삿19:25-28)

마음에 선한 것이 없는 너 레위인아, 너는 네 손으로 첩을 짐승 같은 그들에게 던져주는구나. 그 여인이 죄인일지라도 불쌍하구나. 너는 악을 행하면서 여전히 있거니와 그는 너의 첩이 된 죄로 네가 받아야 할 온갖 수모를 다 받는구나. 그가 너의 진심을 알았는데 어찌 더 살 의욕이 있겠느냐. 기력이 남아있겠느냐. 그는 기진하여 숨쉬기를 멈추었도다.

그 집에 이르러서는 칼을 가지고 자기 첩의 시체를 거두어 그 마
디를 찍어 열두 덩이에 나누고 그것을 이스라엘 사방에 두루 보
내매 그것을 보는 자가 다 이르되 이스라엘 자손이 애굽 땅에서
올라온 날부터 오늘까지 이런 일은 일어나지도 아니하였고 보

지도 못하였도다 이 일을 생각하고 상의한 후에 말하자 하니라.

(삿19:29-30)

오호라, 너는 정녕 마귀의 종이었도다. 그 마음의 악함이 본색을 드러내며 복수의 칼을 번뜩이는구나. 너는 네게 닥친 일들이 모두 네 죄로 인함을 조금도 깨닫지 못했더란 말이냐. 베냐민지파의 기브아 땅에서 그 일이 있었다고 해서 그것이 곧 베냐민지파의 잘못이겠느냐. 아, 베냐민 땅의 불량한 자들이 그 땅을 망하게 하는구나! 레위인 하나가 이스라엘을 망하게 하는구나! 너는 '이스라엘 자손이 이집트에서 나온 날부터 이때까지 일어난 적도 없고, 또 본 일도 없는' 끔찍한 일을 저질렀건만, 어리석은 내 백성들은 네 얘기를 한번 들어 보겠다 하는구나.

이에 모든 이스라엘 자손이 단에서부터 브엘세바까지와 길르앗 땅에서 나와서 그 회중이 일제히 미스바에서 여호와 앞에 모였으니 온 백성의 어른 곧 이스라엘 모든 지파의 어른들은 하나님 백성의 총회에 섰고 칼을 빼는 보병은 사십만 명이었으며(삿20:1-2)

그리하여 북쪽의 단에서부터 남쪽의 브엘세바에 이르기까지, 또 동쪽의 길르앗 땅에서도, 모든 이스라엘 자손이 쏟아져 나와서 온 회중이 한꺼번에 미스바에서 모였구나. 이스라엘 온 지파의 지도자들도 총회에 참여하였구나. 당장 싸우러 나가느냐, 죽이려 하느냐, 칼을 찬 보병도 사십만 명이나 모였구나.

이스라엘 자손이 미스바에 올라간 것을 베냐민 자손이 들었더라 이스라엘 자손이 이르되 이 악한 일이 어떻게 일어났는지 우리에게 말하라 하니 레위 사람 곧 죽임을 당한 여인의 남편이 대답하여 이르되 내가 내 첩과 더불어 베냐민에 속한 기브아에 유숙하러 갔더니 기브아 사람들이 나를 치러 일어나서 밤에 내가 묵고 있던 집을 에워싸고 나를 죽이려 하고 내 첩을 욕보여 그를 죽게 한지라. 내가 내 첩의 시체를 거두어 쪼개서 이스라엘 기업의 온 땅에 보냈나니 이는 그들이 이스라엘 중에서 음행과 망령된 일을 행하였기 때문이라. 이스라엘 자손들아 너희가 다 여기 있은즉 너희의 의견과 방책을 낼지니라 하니라.

모든 백성이 일제히 일어나 이르되 우리가 한 사람도 자기 장막으로 돌아가지 말며 한 사람도 자기 집으로 들어가지 말고 우리가 이제 기브아 사람에게 이렇게 행하리니 곧 제비를 뽑아서 그들을 치되 우리가 이스라엘 모든 지파 중에서 백 명에 열 명, 천 명에 백 명, 만 명에 천 명을 뽑아 그 백성을 위하여 양식을 준비하고 그들에게 베냐민의 기브아에 가서 그 무리가 이스라엘 중에서 망령된 일을 행한 대로 징계하게 하리라 하니라. 이와 같이 이스라엘 모든 사람이 하나같이 합심하여 그 성읍을 치려고 모였더라.

이스라엘 지파들이 베냐민 온 지파에 사람들을 보내어 두루 다니며 이르기를 너희 중에서 생긴 이 악행이 어찌 됨이냐. 그런즉 이제 기브아 사람들 곧 그 불량배들을 우리에게 넘겨주어서 우리가 그들을 죽여 이스라엘 중에서 악을 제거하여 버리게 하라 하나 베냐민 자손이 그들의 형제 이스라엘 자손의 말을 듣지 아니하고 도리어 성읍들로부터 기브아에 모이고 나가서 이스라엘 자손과 싸우고자 하니라. 그때에 그 성읍들로부터 나온 베냐민 자손의 수는 칼을 빼는 자가 모두 이만 육천 명이요 그 외에 기브아 주민 중 택한 자가 칠백 명인데 이 모든 백성 중에서 택한 칠백 명은 다 왼손잡이라 물매로 돌을 던지면 조금도 틀림이 없는 자들이더라. (삿20:3-16)

너는 그 온 회중 앞에 서서 '이런 수치스러운 일이 어떻게 일어났는지'에 대해 잘도 말하는구나. 무엇이 정녕 수치스런 일이겠느냐? 불량배의 악행이냐, 레위인의 음란과 잔인함이냐? 네가 '첩' 이야기도 하였건만, 내 백성들은 너를 책망하지도 않는구나. 네가 시체를 토막 낸 얘기에도 분개하지 않는구나. 오직 불량배에게만 분노하고 모든 저주를 베냐민 지파에게 돌리려 하는구나. 내 백성이 어리석도다. 그들의 형제 지파를 향한 잔인함은 시체를 토막 낸 레위인의 잔인함에 미치지 못할 것이 없구나. 이제 '하나같이 뭉쳐서, 그 성읍을 치려고' 베냐민으로 달려가느냐? 그러면서 너희가 베냐민과 평안히 해결하려 했다고 말할 수 있느냐? 그럴지라도 너희의 무장한 자의 수가 심히 많고 위협적이니 베냐민이 놀라 덤비는구나. 이제 전쟁이로다, 전쟁이로다! 레위인의 악독으로 온 이스라엘에 화가 미치는 도다.

> 베냐민 자손 외에 이스라엘 사람으로서 칼을 빼는 자의 수는 사십만 명이니 다 전사라. 이스라엘 자손이 일어나 벧엘에 올라가서 하나님께 여쭈어 이르되 우리 중에 누가 먼저 올라가서 베냐민 자손과 싸우리이까 하니 여호와께서 말씀하시되 유다가 먼저 갈지니라 하시니라. 이스라엘 자손이 아침에 일어나 기브아를 대하여 진을 치니라. (삿20:17-19)

내 백성들아! 내가 이렇게 애통하건만 너희들은 벧엘에서 나를 찾으며 전쟁의 승리를 위해 부르짖는구나. 내가 전쟁의 신이더냐, 너희는 각자 소견대로 행하다가 전쟁의 위기 앞에서만 나를 찾는구나. 내가 언제 싸우라 하였더냐, 너희는 이미 싸우기로 작정하고 누굴 먼저 보내야 싸움에서 이길 수 있는지 가르쳐달라는 도다. 내가 진노하였으므로 어찌 너희를 도울 수 있겠느냐? 결코, 도울 수 없느니, 너희 소원대로 올라가서 너희 마음대로 싸우라.

이스라엘 사람이 나가 베냐민과 싸우려고 전열을 갖추고 기브아에서 그들과 싸우고자 하매 베냐민 자손이 기브아에서 나와서 당일에 이스라엘 사람 이만 이천 명을 땅에 엎드러뜨렸으나 이스라엘 사람들이 스스로 용기를 내어 첫날 전열을 갖추었던 곳에서 다시 전열을 갖추니라. 이스라엘 자손이 올라가 여호와 앞에서 저물도록 울며 여호와께 여쭈어 이르되 내가 다시 나아가서 내 형제 베냐민 자손과 싸우리이까 하니 여호와께서 말씀하시되 올라가서 치라 하시니라. 그 이튿날에 이스라엘 자손이 베냐민 자손을 치러 나아가매 베냐민도 그 이튿날에 기브아에서 그들을 치러 나와서 다시 이스라엘 자손 만 팔천 명을 땅에 엎드러뜨렸으니 다 칼을 빼는 자였더라.

이에 온 이스라엘 자손 모든 백성이 올라가 벧엘에 이르러 울며 거기서 여호와 앞에 앉아서 그 날이 저물도록 금식하고 번제와 화목제를 여호와 앞에 드리고 이스라엘 자손이 여호와께 물으니라. 그때에는 하나님의 언약궤가 거기 있고 아론의 손자인 엘르아살의 아들 비느하스가 그 앞에 모시고 섰더라. 이스라엘 자손들이 여쭈기를 우리가 다시 나아가 내 형제 베냐민 자손과 싸우

리이까, 말리이까 하니 여호와께서 이르시되 올라가라 내일은
내가 그를 네 손에 넘겨주리라 하시는지라. (삿20:20-28)

첫 번째 전투에서 크게 참패하였구나! 그러면 이제라도 분별할 줄 알아야 하건만, 너희는 다시 날이 저물도록 목 놓아 울면서 나를 괴롭게 하는 도다. 너희가 회개하지 않고 어찌 나의 진노가 풀리겠느냐. 그러나 너희는 회개할 생각은 하지 않고 내가 대답할 때까지 부르짖겠다 하는 도다. 그리고는 피 냄새를 맡은 이리떼 같이 달려가는구나. 두 번의 전투로 4만 명이나 죽으니 너희는 목 놓아 울며 금식하고, 화목제와 번제로 나를 찾는구나. 이제야 진심으로 '싸워야 할지 말아야 할지'를 묻는 도다. 그래, 이번에는 내가 베냐민을 너희에게 붙이리니, 너희가 이 전쟁에서 이길 것이로되, 베냐민은 너희의 원수가 아니라 형제인 것을 잊지 말아야 할 것이라, 복수에 눈이 먼 백성들아!

그 날에 베냐민 지파는 이만 육천 명의 전투병력 중에서 600명만 남고 모두 죽었다. 남은 자 600명은 림몬 바위까지 도망쳐서 숨어 살았다. 이스라엘 사람들은 다시 베냐민 자손의 성읍에서 사람이나 가축 할 것 없이 닥치는 대로 모두 칼로 쳐서 죽였고 그 일대의 성읍도 모두 불살랐다. 그리고 얼마 후, 사람들은 이스라엘에서 한 지파가 없어지게 됨을 알았다. 더군다나 그들은 미스바에

서 "우리 가운데서는 아무도 딸을 베냐민 사람과 결혼시키지 않도록 하자!" 하고 맹세한 일이 있었다. 이스라엘 백성은 벧엘에 이르러, 거기에서 저녁이 되도록 하나님 앞에 앉아 소리를 높여 크게 통곡하였다. "주 이스라엘의 하나님, 어찌하여 이런 일이 이스라엘에서 일어났습니까? 오늘 한 지파가 끝내 이스라엘에서 없어지고 말았습니다." 다음 날 아침이 되자, 백성은 일찍 일어나 거기에 한 제단을 쌓고 번제와 화목제를 드렸다. 그러나 하나님의 응답은 없었고 그들은 그들이 보기에 옳은 대로[각자의 소견대로] 이 일을 해결해 나갔다. 림몬 바위에서 4개월 동안 숨어 지낸 600명과 더불어 화친이 이루어졌다. 이들의 회복과 결혼을 위한 불가피한 조치를 마련함으로써 베냐민 지파가 존속되도록 했다.

이스라엘의 한 지파가 사라질 뻔한 사건, 그래서 이스라엘 전체가 큰 수치와 낭패를 겪을 뻔한 사건의 시작은 한 레위인의 타락이었다. 레위인의 위치가 얼마나 중요한지를 분명하게 보여주는 사건이다. 물론 거룩한 레위인 한 사람이 이스라엘 전체를 살리는 일도 할 수 있는 것이다. 레위인은 그런 위치에 있다.

05

왕을 세워주소서

나는 너희를 위하여 기도하기를 쉬는 죄를 여호와 앞에 결단코 범하지 아니하고 선하고 의로운 길을 너희에게 가르칠 것인즉, 너희는 여호와께서 너희를 위하여 행하신 그 큰 일을 생각하여 오직 그를 경외하며 너희의 마음을 다하여 진실히 섬기라 -삼상 12:23-24

사사기에서는 이스라엘 백성들이 왕을 요구하는 소리가 넘쳐나고 있음을 보여주었다. 하나님께서는 그 소리를 들으셨고 준비는 시작되고 있었다. 사무엘상 1장에 등장하는 엘리 제사장. 그는 사사(士師)이기도 했는데 영적으로 무능했고 제사장직을 계승해야 할 그의 자식들의 문제는 더 심각했다. 이와 같은 사사시대 말기에, 하나님께서는 신실한 지도자를 만들기 위한 특단의 방법을 사용하신다. 모태에 잉태하는 순간부터 집중적으로 은혜를 부어 신령한 지도자로 길러내는 방법인데 이것은 삼손을 길러낼 때 사용한 비법이기도 하다. 이전의 방식이 순박한 농부인 마노아 부부를 통해 힘센 삼손을 길러내어 블레셋을 퇴치하는 것이었다면, 이번에는 백성을 가르치고 이끌어 갈 영적 지도자를 길러내어 이스라엘을 견고히 하는 것이다. 뼈대 있는 가문의 엘가나가 선택된다. '그는 여로함의 아들이요 엘리후의 손자요 도후의 증손이요 숩의 현손이었다.' 엘가나 부인 한나는 자식이 없음으로 인해 원통한 일을 겪으며 애통하는 기도를 드리게 된다. 그의 기도가 충분히 채워진 다음에서야 하나님께서는 태(胎)의 문을 열어주셔서 사무엘을 얻도록 해주신다. 한나는 아이의 한평생을 주께 바치기로 한 서원대로 어린 사무엘을 제사장에게 맡긴다. 한나는 사무엘을 바치면서 하나님의 영의 충만함을 받아 기도를 하는데, 이때 '왕을 세우시고 기름 부으시는 하나님'(2:10)을 찬양한다. 이것은 장차 하나님께서 왕을 세우실 것을 암시하는 대목이다. 사무엘은 하나님을 섬기며 경건하게 자라나고, 엘리 제사장의 영적 무능함과 그 아들들의 행악이 점점 극심해질 무렵 하나님께서 그의 사자(使者)를 보내신다. 여호와의 회의를 통해 선택받은 천사가 하나님의 중요한 메시지를 전하기 위해 파송된 것인데, 엘리에게는 저주가 사무엘에게는 축복이 선포된다.

> 이스라엘의 하나님 나 여호와가 말하노라 내가 전에 네 집과 네 조상의 집이 내 앞에 영원히 행하리라 하였으나 이제 나 여호와가 말하노니 결단코 그렇게 하지 아니하리라. 나를 존중히 여기는 자를 내가 존중히 여기고 나를 멸시하는 자를 내가 경멸하리라. (2:30) 내가 나를 위하여 충실한 제사장을 일으키리니 그 사람은 내 마음, 내 뜻대로 행할 것이라. 내가 그를 위하여 견고한 집을 세우리니 그가 나의 기름 부음을 받은 자 앞에서 영구히 행하리라. (2:35)

사무엘은 충실한 제사장이 되어 하나님을 잘 섬길 것이며, 그는 하나님이 기름 부어 세운 왕 앞에서 제사장 일을 보게 된다는 것인데, 한나의 기도를 통해 암시한 바 있는 하나님의 '왕 세우시는 계획'이 더 구체적으로 드러난다. 그 일이 사무엘의 때에 실현된다는 것이다. '사무엘이 자랄 때에, 주께서 그와 함께 계셔서, 사무엘이 한 말이 하나도 어긋나지 않고 다 이루어지게 하셨다. 그리하여 단에서 브엘세바까지 온 이스라엘은, 사무엘이, 주께서 세우신 예언자임을 알게 되었다.'(3:19-20) '사무엘이 말을 하면, 온 이스라엘이 귀를 기울여 들었다.' (4:1) 엘리가 죽고 사무엘이 백성들을 이끌면서 이스라엘은 사사 시대에 보기 드문 영적 부흥과 정치적 안정을 가져온다. 사사 시대에 이와 같이 위대한 사사(士師)가 없었고 백성들이 이처럼 하나님을 잘 알고 섬긴 적도 드물었다. 그런데 사무엘이 나이가 들면서 자기 아들들을 사사(士師)로 삼았는데 그들은 돈을 탐냈고 공정하지 않은 재판을 했다. 그러자 장로들이 모두 모여 사무엘에게 와서 '모든 나라와 같이 우리에게 왕을 세워 우리를 다스리게 하소서'(삼상8:5)하며 왕을 요구한다. 사무엘은 장로들의 말을 들을 때 마음이 기쁘지 않았다. 사무엘은 그동안 이스라엘에 왕이 필요 없을 정도로 모든 것을 잘 이끌어왔다고 생각했다. 그리고 지금은 아들들을 후계자로 세우기 위해 힘써 가르치는 중이었다. 그런데 모든 장로가 한꺼번에 찾아와 왕을 세워달라고 하다니. 더군다나 '당신은 늙었고 아들들은 행위가 틀려먹었으니…….'하는 표현에는 섭섭한 마음을 누를 수 없었다.

사무엘이 이 일을 하나님께 아뢰자, 하나님께서는 대뜸, "백성이 너에게 말하는 것을 다 들어 주어라." 하는 말씀부터 하신다. 그리고는 '백성들이 너를 버린 것이 아니라 나를 버린 것이다. 그들이… 나를 버려 자기들의 왕이 되지 못하게' 한다며 섭섭한 마음을 그대로 드러내신다. 이어서 '백성들이 하는 일은 언제나 그렇단다. 내가 그들을 이집트에서 데리고 나올 때부터 오늘날까지 그들은 여러 번 나를 버렸고 다른 신들을 섬겼다. 그런데 이제 너한테까지 그러는구나.' 하며 솔직한 심정을 토로하신다. 이와 같이 백성들이 왕을 요구한 일은 하나님을 매우 섭섭하게 하는 사건이었다. 하나님께서는 백성들의 말을 들어주라고 거듭 말씀하시고는, 사무엘을 통해 〈왕정국가의 단점〉에 대해 다음과 같이 설명해주도록 하신다.

> 너희를 다스릴 왕의 제도가 이러하니라. 그가 너희 아들들을 취하여 그 병거와 말을 몰게 하고. 자기 밭을 갈게 하고 자기 추수를 하게 할 것이며 자기 병기와 병거의 제구를 만들게 할 것이며, 또 너희 딸들을 취하여 향료 만드는 자와 요리하는 자와 떡 굽는 자로 삼을 것이며, 또 너희 밭과 포도원과 감람원의 제일 좋은 것을 취하여 자기 신하들에게 줄 것이며, 또 너희 곡식과 포도원 소산의 십일조를 취하여 자기 관리와 신하에게 줄 것이며, 또 너희 노비와 가장 아름다운 소년과 나귀들을 취하여 자기 일을 시킬 것이며 너희 양 떼의 십분 일을 취하리니 너희가 그 종이 될 것이라. 그 날에 너희는 너희가 택한 왕으로 말미암아 부르짖되 그 날에 여호와께서 너희에게 응답지 아니하시리라.
> (삼상 8:11-18)

사무엘이 이같이 말하여도 백성들은 듣기를 거절하며, '우리도 다른 나라들처럼 우리를 다스릴 왕이 필요합니다. 우리 왕이 우리를 다스리며, 우리 앞에 나가서 우리를 위해 싸울 것입니다.' 하며 왕을 요청한다. 그러자 하나님께서는 사무엘에게 "그들의 말을 들어 주어라" 라는 말씀을 세 번이나 반복하신다. 섭섭한 마음에 서둘러 줘버리는 것이다. 그렇다면, 하나님께서 섭섭해 하는 이유가 무엇일까? 하나님께서도 사사를 통해 다스리는 던 방식에서 발전하여 시대에 걸맞게 왕을 통해 국가를 다스리려는 계획을 하고 계셨다. 그리고 하나님께서 그 왕을 통해 이스라엘을 다스리려는 계획이었다. 왕을 세울지라도 하나님께서 여전히 이스라엘의 왕으로 계시고자 했던 것이다. 그러나 백성들의 의중은 그렇지 않았다. 그들은 하나님 대신 왕을 섬기고 싶어 했다. 백성들의 속마음은 18~19절에 잘 드러나 있다 (우리도 다른 나라들처럼 우리를 다스릴 왕이 필요합니다. 우리 왕이 우리를 다스리며, 우리 앞에 나가서 우리를 위해 싸울 것입니다). 그래서 하나님께서는 '그들이…. 나를 버려 자기들의 왕이 되지 못하게 한다.' 하시며 매우 섭섭해 하신 것이다. 백성들이 그야말로, 지금 이 시기에 우리에게 왕을 세우는 일이 어떠한지 하나님께 여쭈어보라고 사무엘에게 요청했더라면 하나님께서 섭섭해 하지 않으시고, 현재로선 왕이 될 만한 재목이 없으니 사무엘의 지도를 받으면서 좀 더 기다리라고 했을지도 모르겠다. 그러나 그들은 오만불손하게 요구했고, 그 괘씸한 태도가 하나님을 섭섭하게 하고 말았다. 그래서 하나님께서는 아직 준비되지 않은 왕을 세워주신다. 아직 좋은 왕을 얻을 자격이 없는 그들 위에.

왕정국가 체제에서 왕이 하나님을 잘 섬기지 않으면 국가적으로 큰 위기를 직면하게 되며, 백성들이 감당해야 할 수고는 더욱 과중해진다. 위에서 언급한 〈왕정국가의 단점〉이 더욱 두드러지는 것이다. 그래서 하나님께서는 일찌감치 '왕의 규례'를 만들어 두셨다. 왕이 이 규례를 잘 지키면 오히려 왕정국가의 장점을 살려 강성해질 수 있는 것이다.

> (왕은) 병마를 많이 두지 말 것이요…. 아내를 많이 두어 그의 마음이 미혹되게 하지 말 것이며, 자기를 위하여 은금을 많이 쌓지 말 것이니라. 그가 왕위에 오르거든 이 율법서의 등사본을 레위 사람 제사장 앞에서 책에 기록하여 평생에 자기 옆에 두고 읽어 그의 하나님 여호와 경외하기를 배우며 이 율법의 모든 말과 이 규례를 지켜 행할 것이라. 그리하면 그의 마음이 그의 형제 위에 교만하지 아니하고 이 명령에서 떠나 좌로나 우로나 치우치지 아니하리니, 이스라엘 중에서 그와 그의 자손이 왕위(王位)에 있는 날이 장구(長久)하리라. (신 17:16-20)

이스라엘의 왕으로 세워지는 자에게 겸손하게 하나님을 섬기도록 가르치고, 백성들에게는 왕을 하나님처럼 의지하지 않도록 일깨우는 일은 사무엘의 할 일이었으나, 그는 개인적인 감정(섭섭함)에 사로잡혀 이 일에 전념하지 못한다. 드디어 이스라엘의 첫 번째 왕을 세우는 일이 시작된다. 외모가 준수한 사울이 선택되었다. 백성들이 원하는 왕의 조건은 다분히 이런 것이었으리라. 얼굴도 잘생기고 키도 크고 체격도 좋은 왕. 사울을 왕으로 세우는 날, 사무엘은 사사로서의 마지막 설교를 통해 정직과 충성으로 일관해온 자신의 사역을 회고한다. 아울러 백성들이 왕을 요구한 잘못에 대해 지적하며, 아직도 그 잘못을 모르고 있는 그들이 깨달을 수 있도록 엄중하게 꾸짖어 주시기를 하나님께 요청한다.

> "지금은 밀을 거둬들이는 때가 아니냐? 그렇더라도 내가 주께 아뢰면, 주께서 천둥과 비를 내리실 것이다. 그러면 왕을 요구한 것이, 주께서 보시기에 얼마나 큰 죄악이었는지를 밝히 알게 될 것이다." 사무엘이 주께 아뢰니, 바로 그 날로 주께서 천둥을 보내시고, 비를 내리셨다. 온 백성이 주님과 사무엘을 매우 두려워하였다. (표준새번역. 삼상 12:17-18)

이스라엘의 밀 베는 때는 건기(乾期)였는데, 마른하늘에서 갑자기 천둥이 치고 비가 내리자 백성들은 매우 놀라며 두려워한다. 사울 왕도 놀란다. 하나님의 진노하심을 의미하는 천둥은 거기 모인 모든 사람들을 하나님에 대한 경외심으로 두려워 떨게 했다. 백성들은 하나님께 무례히 왕을 요구한 것을 회개하고, 사울왕은 하나님을 두려워하는 마음으로 겸허하게 왕위에 오른다. 사무엘은 백성에 대한 섭섭함 대신 그들을 위해 '기도하기를 쉬는 죄를 결단코 범하지 않으리라'는 다짐으로 충만해진다. 이스라엘의 첫 번째 왕을 세우는 자리에서 그들은 모두 하나님 중심으로 하나가 되기로 마음을 다졌다. 크고 두려우신 하나님의 임재 앞에서.

06

다윗왕의 영광과 수치

이새의 아들 다윗이 말함이여 높이 세워진 자, 야곱의 하나님께로부터 기름 부음 받은 자, 이스라엘의 노래 잘 하는 자가 말하노라. 여호와의 영이 나를 통하여 말씀하심이여 그의 말씀이 내 혀에 있도다. _삼하 23:1-2

이스라엘의 첫 번째 왕은 실패작이었다. 하나님께서는 사울을 왕으로 세운 것을 후회한다는 말씀을 두 번 반복하신다(삼상 15). 왕으로 선택될 시점의 사울에 대해 성경은, '그의 이름은 사울이요 준수한 소년이라. 이스라엘 자손 중에 그보다 더 준수한 자가 없고, 키는 모든 백성보다 어깨 위만큼 더 컸더라.'고 기술하고 있다. 성품보다는 외모에 대한 기록이 두드러지는데, 이것은 그 당시 왕을 원하던 백성들의 마음을 반영하고 있다. 그들은 위엄 있고 화려한 왕의 행차를 보고 싶어 했고, 그가 빛나는 얼굴로 손이라도 흔들어줄 때 느끼게 될 위안과 자부심을 고대하고 있었다. 그러기 위해서 그들의 왕은 사울처럼 키도 크고 잘 생겨야만 했다. 하나님께서는 괘씸한 그들에게 '맘껏 가지라'고 그들의 맘에 흡족하도록 겉모습만 빼어난 왕을 주신 것이다. 그렇게 왕이 세워지긴 했지만, 그래도 그렇지 사울이 왕으로서 너무 함량 미달의 모습을 보이자 하나님께서는 낙심하시며 후회하시는 것이다.

사울의 불순종으로 인해 진노하신 하나님께서는 다음 왕을 세우기 위해 사무엘을 베들레헴 이새의 집으로 보내신다. 하나님께서는 "이새의 아들 중에서 한 왕을 보았느니"(삼상16:1)이라고 말씀하신다. 이제는 하나님의 마음에 흡족한 자를 선택하여 왕으로 세우려는 것이다. 사무엘이 이새의 첫째 아들 엘리압을 보자마자 '와, 왕이 될 만한 인물이로구나!' 라고 감탄하는데, 하나님께서는 "그의 용모와 키를 보지 말라. 내가 보는 것은 사람과 같지 아니하니 사람은 외모를 보거니와 나 여호와는 중심을 보느니라." 하고 말씀하신다. 하나님이 왕으로 지명하신 사람을 만난다는 사실에 흥분한 탓일까, 사무엘 선지자는 외모로 사람을 판단하는 실수를 범하고 말았다. 물론, 초면에 사람의 속마음까지 파악하는 것은 힘든 일이다.

 드디어 하나님의 마음에 흡족함을 주는 소년 다윗이 택함을 받았는데 사무엘이 보기에 그는 빛이 붉고 눈이 빼어나고 얼굴이 아름다웠다. 사무엘이 그에게 기름을 부으니, 그는 성령의 충만함을 입고 여러 방면에서 두각을 나타내기 시작한다. 아울러 사울로부터는 견제를 받게 되는데, 성령이 떠나고 악신이 임한 사울은 다윗에게 갖은 악행을 일삼았다. 그것이 다윗에게는 혹독한 영적 훈련이 되었으며 그 고통은 수년간 지속된다. 사울의 실정(失政)으로 백성들이 겪는 고통도 클 수밖에 없었겠으나 그들이 그 고통으로 인해 하나님을 원망하는 모습은 성경에 나타나지 않고 있다. 자신들의 선택이었기에 그 고통을 감내하고 있었던 것일까? 수백여 명의 소외된 사람들이 다윗을 따르며 그를 왕으로 세우는 일에 헌신하게 된다. 사울왕의 무능을 겪어본 사람들은 하나님께서 선택하신 다윗의 뛰어남을 더욱 실감할 수 있었으리라. 양치기 시절부터 성실과 용맹스런 기질을 갖추고 있던 다윗은 사울왕을 통해 겪은 혹독한 훈련으로 한껏 성숙해져서 뛰어난 지도력을 갖춘 왕으로 태어난다. 다윗을 선택하시면서 하나님께서는 "다윗은 내 마음에 합한 사람이라. 그가 내 뜻을 다 이루게 하리라." 하고 하시며 한껏 부푼 기대감을 표현하셨다. 드디어 왕으로 세움 받은 다윗은 하나님의 기대에 부응하여 이스라엘 영토를 크게 확장하는 일에 전적으로 기여하였다. 한 나라의 왕이 탁월한 지도력을 갖추었을 뿐만 아니라 하나님께 전적으로 순종하는 마음까지 겸비할 때, 그 나라가 얼마나 큰 복을 받는지를 명확하게 보여주는 모범적인 예라고 할 것이다. 창세 이래로 인류의 역사가 거의 하나님에 대한 배신과 불순종의 역사이고 보니, 이토록 기뻐하시는 사람의 등장은 그것을 지켜보는 사람들마저 큰 기쁨에 휩싸이게 한다. 이것은 분명히 하나님께 크게 영광 돌릴 일이고, 그 사람에게는 진심으로 축하하며 격려할 일이다.

그러나 사탄에게는 지극히 끔찍한 일이었다. 사탄은 하나님께 사랑받는 사람을 볼 때마다 극도로 미워하고 질투심으로 인해 치를 떤다. 자신들은 완전히 타락해서 저주받은 영혼이며 회복 불가능한 영원한 낙오자들이기 때문이다. 그들의 집요한 작전과 모략 때문이었는가. 위대한 다윗은 사단의 유혹에 이끌려 그 부끄러운 일을 저지르게 된다.

해가 돌아와서 왕들의 출전할 때가 되매 다윗이 요압과 그 신복

과 온 이스라엘 군대를 보내니 저희가 암몬 자손을 멸하고 랍바를 에워쌌고, 다윗은 예루살렘에 그대로 있으니라(삼하 11:1).

다윗이 범죄를 저지르기 직전의 이 숨이 멎을 듯한 정적은 다윗 앞에 펼쳐지고 있는 미혹의 검은 그림자 때문이다. 동시에 하나님께서 느끼시는 극도의 긴장감이다. '나의 자랑이요 기쁨이었던 다윗이 어찌하여 거침없이 그리로 향하는가? 어찌하여 돌아설 줄 모르고 점점 더 깊숙이 빠져들고 있는가? 나의 벗이 흉악한 죄인의 길로 가는 도다!' 하나님께서는 친구 다윗을 잃는 것이 비통했고, 또다시 일어나는 인간에 대한 배신감 때문에 마음이 찢어지듯 아프셔서 아무 말로 할 수 없었다. 그리고 얼마 후 그를 책망하는 일도 선지자 나단에게 맡기고 하나님께서는 흉악한 죄인 다윗을 향해 직접 말씀하지 않으신다.

나단의 책망을 듣고 다윗이 즉시로 회개한 것은 그나마 천만다행이었다. 잠시라도 지체하거나 변명을 늘어놓았다가는 죽음을 면치 못하였을 것이다. 친한 벗이었지만 이제는 죄인이 된 자에 대한 처벌은 공정히 이뤄진다. 하나님은 공의의 하나님이시기 때문에 사탄들조차도 트집을 잡지 못할 만큼 공정하게 하셔야 했다. 다윗이 죄를 범한 직후 선지자 나단은 다윗을 책망하면서, '이 일로 말미암아 여호와의 원수가 크게 비방할 거리를 얻게 하였다.'(삼하12:14)라고 말한다. 여호와의 회의에서 원수들은 '다윗의 죄가 크므로 당장 죽이는 엄벌에 처해야' 한다는 항의를 빗발치게 하면서 하나님을 괴롭게 한 것이다. 다윗의 즉각적인 회개는 다윗 자신이 즉시로 죽임을 당하는 최고의 벌은 면하게 했으나, 그 이후로 다윗이 감당해야 할 죄의 대가(代價)는 참으로 혹독했다. 하나님이 겪으셔야 할 마음의 고통도 극심했으리라.

  그동안 하나님과 다윗의 관계는 얼마나 친밀하고 돈독했던가! 다윗이 하나님께 순종함으로 모든 전쟁에서 크게 승리하여 이스라엘이 크게 확장되었고, 그 넓은 영토를 보며 하나님은 기뻐하셨고 다윗은 감사의 노래를 불렀다. 강성한 나라의 왕으로서 궁궐에 거하면서도 하나님 앞에 여전히 순전하며 하나님의 전(殿)을 세우기를 사모할 때에 하나님께서는 그 마음을 기뻐 받으시며, '네가 나를 위하여 집을 지어주려느냐? 나도 너를 위해 집을 세워 주리니, 너의 집안이 한 왕조가 되리라. 네 집과 네 나라가 내 앞에서 영원히 이어 갈 것이며, 네 왕위가 영원히 튼튼하게 서 있을 것이다.' 하셨다. 얼마나 사랑과 감동이 넘치는 순간이었던가. 이제 이스라엘은 더욱 강성하여가고 하나님께서는 다윗으로 하여금 오랜만에 맘껏 기뻐하실 일들을 기대하고 있었다. 그런데 그 모든 꿈은 일순간에 날아가고 말았으니. 기대가 컸던 만큼 아픔은 더 컸다. 하나님께서 나단을 통해 죄인 다윗에게 말씀하신다.

내가 네 주인의 집을 네게 주었고 네 주인의 아내들도 네 팔에 안겨 주었다. 이스라엘과 유다의 집도 네게 주었다. 그리고 이 모든 것이 모자랐다면 내가 더 많이 주었을 것이다. 그런데 네가 어떻게 여호와의 말씀을 무시하고 여호와 보시기에 악한 짓을 했느냐? (삼하12:8-9)

다윗을 향한 하나님의 책망 속에는 절절한 안타까움과 진노가 담겨있다. 하나님께서 다윗에게 요구한 성결의 내용은 결코 엄중한 것이 아니었다. 선지자나 영적 지도자 수준의 성결을 요구한 것이 아니었다. 날마다 전쟁터에서 살아야 하는 그의 거친 삶을 알기에 그가 감당할만한 수준의 성결을 요구했던 것인데도, 그것을 지키지 못하다니…….

돌이켜보면, 다윗의 삶은 고단했다. 어려서부터 외로운 양치기로 살아야 했고 그의 성실이 인정받아 주목을 받게 되자 사울왕이 그의 대적이 되어 살해의 위협을 가해왔다. 수년간의 도주 생활 동안 그는 그를 따르는 부하 수백 명을 먹여 살려야 했다. 그 살림을 이어가기 위해 아비가일 같이 재력 있는 아내들을 여럿 두기도 했지만, 그의 사랑은 오직 미갈 공주뿐이었다. 그녀는 그가 자신의 생명을 담보로 얻은 첫사랑이었다. 그래서 드디어 이스라엘의 왕으로 등극할 무렵에 그 첫사랑 미갈을 찾아낸다. 이미 다른 데로 시집간 아내를 데려올 만큼 그 사랑이 컸건만, 미갈은 오히려 방자해져서 다윗 왕을 비웃고, 다윗은 크게 낙담하게 된다.[19] 사랑에 실망하고 개인적인 삶의 기쁨은 누리지 못한 채 전쟁에만 몰두하던 다윗. 그에게 다시 찾아온 사랑이 다름 아닌 부하의 아내였으니……. 이것은 그동안 쌓아놓은 모든 공로를 단번에 무너뜨리는 부끄러운 짓이고, 하나님 앞에서는 죽음을 각오해야 하는 범죄였다.

이스라엘의 왕으로 세움 받기 위해 겪어야 했던 지난(至難)한 훈련과정들 속에서 다윗이 하는 일들은 적군을 진멸하고, 사람들을 쳐 죽이고, 심지어는 시체의 포피를 수백 개씩 베어내야 하는 일들이었다. 그에게 필요한 것은 오직 싸움에만 능한 지도자적 기질이었고, 그의 평생은 손에 많은 피를 묻히고 살아야 하는 삶이었다. 그의 삶과 그의 기질을 알기에 하나님께서는 그에게 많은 것을 주셨고, 또 그가 여러 아내 거느리는 것에 대해서도 크게 문제 삼지 않으신 것으로 보인다. 그런데도 불구하고 악행을 저지른 다윗에 대해 하나님께서는 낙심하시고 진노하셔서 철저히 징계하시게 된다. 다음은 나단을 통해 다윗에게 전달된 하나님의 말씀이다.

"이제 네가 나를 업신여기고 헷 사람 우리아의 아내를 빼앗아 네 아내로 삼았은즉 칼이 네 집에서 영원토록 떠나지 아니하리라. 보라, 내가 너와 네 집에 재앙을 일으키고 내가 네 눈앞에서 네 아내를 빼앗아 네 이웃들에게 주리니 그 사람들이 네 아내들과 더불어 백주에 동침하리라. 너는 은밀히 행하였으나 나는 온 이스라엘 앞에서 백주에 이 일을 행하리라.(삼하12:10-12)

나단이 이와 같이 하나님의 말씀을 전하자, 다윗은 즉시로 회개한다. 다윗이 회개하자, 나단은 "여호와께서도 당신의 죄를 사하셨으니 당신이 죽지 아니 하려니와 당신이 낳은 아이가 죽으리라." 한다. 하나님께서 용서를 해주셔서 죽음을 면하게 되나 대신 어린 아들이 죽고, 위에 열거한 징계와 벌들도 모두 받게 된다. 오랜 기간에 걸쳐 아주 철저하게. 말하자면, 하나님께서 용서해주심으로서 다윗은 당장 죽는 최고의 벌을 면한 것이며, 목숨을 부지하면서 다른 벌은 모두 받는다. 그 벌을 받는 과정에서 온전한 회개를 이뤄나가는 것이다. 진심으로 회개하는 마음이 없이는 그 지난(至難)한 과정들을 견딜 수가 없을 것이다. 오늘날, 우리가 만일 이런 죄를 지으면, 우리는 당장 하나님과의 교제가 끊어진다. 그동안 받은 모든 은혜가 떠나고 마음이 공허해진다. 이와 같은 영적 죽음의 상태가 바로 '당장 죽임을 당하는 벌'에 해당한다. 진심으로 회개해야만 그 벌을 면할 수 있으며, 그렇다 해도 실정법을 통해서 받을 벌들은 고스란히 받게 된다. 또 주변 사람들로부터 받게 될 비난과 수모도 감내해야 한다. 그러나 그것이 어렵다고 불평할 수도 없다. 하나님께서는 용서를 해주신 것에 대해 감사하는 마음이 있다면 말이다. 감사하는 마음으로 견뎌내야 한다.

  다윗 시대에 백성들이 이런 죄를 지었다면 실정법에 따라 형벌을 받았을 것이다. 그러나 고대 왕들은 모든 법 위에 군림하는 제왕적 권한이 있었으므로 [20] 실정법이 아닌 하나님의 직접적인 개입에 의해 엄중하게 처벌을 받는다. 이전 영광의 화려함만큼이나 범죄 이후에 받아야 할 수치와 굴욕은 적나라했다. 다윗의 아들 암논이 이복누이 다말을 강간하는 사건이 벌어졌고, 이에 대해 다말의 친오빠인 압살롬은 철저한 복수극을 통해 암논을 칼로 쳐 죽이며 온 집안을 쑥대밭으로 만든다. 이 모든 과정이 자신의 죗값이라 생각하니 다윗의 고통은 더욱 크고 한없이 비통할 수밖에 없었다. 그래도 다윗은 아비의 심정으로 압살롬을 사랑하는데, 아들 압살롬은 아버지 다윗을 보란 듯이 배반하고 그의 등에 칼을 꽂는다. 반역을 일으킨 것이다. 압살롬으로부터 목숨을 보전하기도 힘든 위기임을 직감한 다윗은 그의 신하들과 함께 미친 듯이 왕궁을 빠져나온다. 머리를 풀고 울면서 맨발로 산을 넘어 도주하는 비참한 지경에다가, 심지어는 어느 비루한 자로부터 조롱을 당하기까지 하는 극한 상황에서도 그는 진노하지 않는다. 누구도 원망하지 않고 오직 자신의 죄만을 탓한다.

그 사이에 압살롬은 모사들의 계략에 빠져 엄청난 일들을 저지른다. 그중에는 다윗의 아내들과 백주에 동침하는 짓도 있었다. 다윗을 따르는 용사들은 주군을 위하여 충성을 다하였고 드디어 반역자 압살롬을 처단하는 데 성공한다. 소식을 들은 다윗은 소리 내어 울며, "내 아들 압살롬아, 내 아들 압살롬아, 차라리 내가 너를 대신하여 죽었더라면~" 하고 비통해한다. 이에 요압 장군은 강하게 반발하며, '당장 울음을 멈추고, 싸움에 이기고 돌아온 부하들을 격려해 달라'고 요청한다. 그렇지 않으면, 오늘 밤 모든 부하들이 왕의 곁을 떠날 것이라는 협박과 함께. 압살롬이 비록 반역자라 할지라도 사랑하는 아들이기에 다윗은 그의 죽음이 한없이 비통하건만 슬픈 내색도 못하고 울음을 삼켜야 했다. 다윗이 죄를 범했을 당시에 하나님께서 겪어야 했던 고통도 이와 같았을 것이다. 사랑하는 다윗의 범죄로 인해 하나님께서 한없이 마음이 아프고 비통하건만, 사단은 기회를 놓칠세라 날마다 찾아와서 다윗에 대한 조속하고도 엄한 처벌을 요구하며 하나님을 괴롭게 했으니 말이다. '의로우신 하나님께서 어찌 범죄한 자를 여전히 아끼시며 두둔하시나이까! 하나님은 의로우신 분이 아니시니이까! 속히 그를 죽여야 합니다.'하며. 다윗의 일만으로도 마음이 아프신 하나님께서는 사단의 참소 때문에 더욱 괴로우셨을 것이다.

일련의 고통스런 사건들을 통해 다윗은 더욱 낮아진다. 반역 사태를 가까스로 정리했지만, 다윗의 집안은 완전히 풍비박산이 났다. 그야말로 하나님의 징계가 명확하고도 철저하게 임한 것이다. 온갖 치욕과 고통을 겪으면서도, 다윗은 철저히 회개하는 마음으로 감내했다. 이와 같은 과정을 통해 그는 죄에 대한 대가를 혹독하게 치르고 용서를 받아, 다시 이스라엘의 왕으로서의 권한이 회복된다. 온전히 회개했기에 가능한 일이었으리라. 진심으로 회개하면 용서해주시고, 일단 용서한 일에 대해서는 다시 거론하지 않으시는 하나님의 법칙에 의해.

다윗왕의 죄악이 청산되면서 이스라엘은 다시 견고하게 세워진다. 다윗왕 시대에 백성들이 우상 섬기는 죄에 빠지지 않았고 여호와를 잘 섬겼으므로 이스라엘은 복을 받기에 합당했다. 그래서 다윗 가정의 왕권 다툼이 끝나면서 이스라엘은 안정기를 맞이하게 된다. 많은 용사들이 모이고 그들의 헌신과 충성을 통해 다윗은 이스라엘 부흥을 위해 매진하고 이스라엘 백성들은 하나님을 경외하며 안온한 삶을 이어간다.

그로부터 얼마의 세월이 흘렀을까…. 어찌 된 일인지, 하나님께서 다시 진노하셔서 이스라엘에게 벌을 주기로 한다는 진술이 다윗 이야기의 마지막 부분에 등장한다.

"여호와께서 다시 이스라엘을 향하여 진노하사 그들을 치시려고 다윗을 격동시키사 '가서 이스라엘과 유다의 인구를 조사하라.'

하신 지라."(삼하 24:1)

"사탄이 이스라엘을 치려고 일어나서, 다윗을 부추겨, 이스라엘의 인구를 조사하게 하였다."(표준새번역, 대상21:1)

두 본문을 종합해보면, 하나님께서 이스라엘을 향해 진노하셔서 그들을 치기로 하셨고, 사탄은 다윗의 마음을 부추겨서 인구조사를 하게 만드는 역할을 한다. 하나님께서 이스라엘을 향해 진노하신 이유는 그들이 어떤 잘못을 했기 때문일 것이다. 또 그 일을 진행하는 과정에서 다윗도 어떤 잘못을 깨닫고 회개하도록 하신 것으로 보인다. 이스라엘을 벌하기 위해서 여호와의 회의가 열렸고 그들을 치기 위한 방법으로써 사단의 꾀가 채택된다. 그것은 바로 다윗에게 인구조사를 하고 싶은 마음이 생기도록 하는 것인데, 사단의 작전은 매우 주효했다. 다윗은 마음이 한껏 고무되어 서둘러 인구조사를 강행한다. 그리고 그것을 다 끝낸 다음에 서둘러 회개를 하는데······. 아무튼, 이 일로 인해 이스라엘 백성 7만 명이 죽게 되고, 다윗은 백성을 잃은 죄책감까지 더해지며 뜨거운 회개를 토해낸다. 다윗은 왕이라는 높은 지위에 있었지만, 하나님 앞에서는 여전한 죄인으로서 더욱 낮아지며 인상적인 참회의 시(詩)들을 남긴다.

하나님과 다윗의 이야기는 한 편의 사랑 이야기다. 다윗의 목

동 시절에 하나님의 일방적인 선택으로 시작된 은밀한 사랑은 도피 생활을 통해 급속히 진전되었고, 그를 이스라엘의 왕으로 세우면서 절정을 이루었다. 다윗은 하나님의 마음에 합한 자로서 사랑을 받으며 이스라엘을 강력하게 세워가는 왕으로 크게 쓰임을 받는다. 하나님께서는 다윗왕과 이스라엘을 향해 예비한 모든 복을 부어주시며 지극히 큰 사랑을 퍼부으신다. 그 절정의 순간에 다윗의 범죄사건이 터진다. 수많은 전쟁에서 승리하며 이스라엘을 크게 세우고 이제 왕으로서 부귀와 영화를 누리며 평안히 사는 일만 남은 시점에서 결정적인 잘못을 저지름으로 인해, 다윗의 삶은 곤두박질치며 길고 긴 시련의 세월로 접어든다. 이 기간에 다윗은 깊은 회개와 낮아짐을 통해 영적으로 더욱 성숙해지며, 누구보다도 하나님의 마음을 잘 헤아려드리는 존재로서 깊은 교제를 나눈다. 그래서 다윗의 말년에 발생한 '인구조사'라는 사건은 다윗의 시대를 마감하기 위한 조처로 보인다. 하나님이 보내신 사단의 충동질에 넘어가지 않을 사람이 누가 있겠는가. 그렇게 인구조사를 한 뒤, 삽시간에 질병이 퍼져서 7만 명이나 되는 백성이 죽어나가는 사건은 민심을 싸늘하게 했을 것이다. 삼하 24:1에서 "하나님이 이스라엘 백성을 향해 진노"하신 이유는 그들이 다윗왕을 하나님처럼 섬겼기 때문이 아닐까. 다윗왕이 치세를 잘하고 이스라엘이 승승장구하자 백성들이 다윗을 한없이 존경하며 그를 하나님처럼 의지하는 마음을 가졌을 것이다. 그래서 이스라엘 백성들의 위대한 왕 다윗에 대한 지나친 애정을 정리하고 그들이 하나님께만 의지하도록 조처하신 것으로 보인다. 또 다윗의 시대를 서서히 마감하고 새로운 왕을 맞이할 준비도 하는 것이다. 다윗은 이 일로 인해 더욱 낮아진 자세로 하나님을 찬양하는 일에 전념하며 여생(餘生)을 보냈으니 다윗에게도 그것은 의미 있는 일이다.

・・・

다윗이 간음죄를 저질렀는데도
그를 하나님 마음에 합한 자라고 할 수 있는가?

다윗 왕 시대는 이스라엘이 왕정국가로서 온전히 세워지며 부국강성하는 시대였으므로 그 시절에 대한 추억들은 하나님께 매우 소중할 것이다. 그런데 그 소중한 기억에 흠집을 내려는 시도들이 있다. 그것은 바로 '다윗은 밧세바와 간음을 저질렀는데도 하나님 마음에 합한 자라고 할 수 있는가?' 하는 의구심들이다. 하나님께서는 일단 용서한 일에 대해선 다시 기억하지 않으시는데, 이 일을 자꾸 다시 거론하는 사람들은 만일 자신들의 죄가 용서받더라도 하나님께서 계속 기억해주시길 바라는 것인지 묻고 싶다. 아울러 이 표현이 나오는 성경 본문을 통해 면밀히 살펴보기로 한다.

저희가 왕을 구하거늘 하나님이 베냐민 지파 사람 기스의 아들 사울을 사십 년간 주셨다가 폐하시고 다윗을 왕으로 세우시고 증거하여 가라사대 내가 이새의 아들 다윗을 만나니 내 마음에 합한 사람이라 내 뜻을 다 이루게 하리라 하시더니 (행 13:21-22)

지금은 왕[사울왕]의 나라가 길지 못할 것이라 여호와께서 왕에게 명하신 바를 왕이 지키지 아니하였으므로 여호와께서 그 마음에 맞는 사람을 구하여 그 백성의 지도자를 삼으셨느니라 하고 (삼상13:14)

위 본문에서 보는 바와 같이 하나님의 마음에 합한 자라는 표현은 다윗이 왕으로 택함 받을 무렵부터 받은 칭찬으로 보인다. 그는 당시 강력한 이스라엘을 세울 왕으로서 합당한 자였다. 왕으로서 딱 맞는 기질을 가진 자였다. 과연, 왕이 된 이후 그의 업적과 공로가 지대했고, 또 범죄한 것에 대해서는 철저한 회개를 통해서 용서를 받았다. 신속하게 회개하는 모습을 보였고 일정 기간 동안 혹독한 대가(代價)를 충분히 치르면서 용서받는 절차를 성실하게 거쳤다. 그래서 그는 사후에 훌륭한 왕의 표본이 되어, 남북 이스라엘의 모든 왕들은 '다윗처럼' 행한 자라야 선왕이라는 평가를 받을 수 있게 된다. 그러므로 '하나님 마음에 합한 자'라는 표현은 그의 삶에 대한 총평으로 타당해 보인다.

이상의 설명에도 불구하고 다윗의 간음죄는 여전히 많은 사람의 입방아에 오를 것이다. 그것은, '사람이 짓는 다른 모든 죄는 자기 몸 밖에 있지만, 음행하는 사람은 자기 몸에다가 죄를 짓는 것'이라는 교훈처럼 간음죄가 가진 특수성 때문일 것이다(고전 6:18). 이 말씀은 간음죄를 짓지 않도록 더욱 조심하라는 의미이지, 간음죄를 지은 사람에 대해선 무한 반복해서 정죄해도 된다는 의미는 아닌데도 말이다. 아무튼, 다윗처럼 진심으로 통회 자복하면 어떤 죄일지라도 용서받을 수 있다. 그런데 하나님은 용서해주시지만, 사람들은 잊지 않고 자꾸 기억하므로, 온전히 회개하는 마음이 없으면 사람들의 비난을 견뎌내는 일은 거의 불가능하다. 그 온전한 회개의 모범을 다윗에게서 찾을 수 있다. 그의 진심 어린 회개는 그가 이스라엘 왕 중에서 가장 위대한 인물로 인정받는 근거가 되었다.

하나님은 왜 다윗과 밧세바 사이에서 태어난 솔로몬을 사랑하셨는가?

다윗에 관한 의구심 중에는 '하나님은 왜 다윗과 밧세바 사이에서 태어난 솔로몬을 사랑하셨는가, 하는 것도 있음을 부인할 수 없다. 솔로몬이 훌륭하긴 하지만 아무튼 죄인의 자식이 아니냐 하는 생각에서 기인한 것 같다. 다윗의 범죄 이후에 하늘에서는 대책 회의가 열렸다. 이때 평소에 다윗이 하나님으로부터 큰 사랑을 받고 있는 것에 대해 극도로 질투하던 원수의 무리들은 다윗은 당장 죽어 마땅하다고 강력히 주장하며 하나님을 괴롭게 한다. 하나님 나라의 법칙대로, 회개의 정도에 따라 단계별 징계를 가하기로 결정한 다음 나단 선지자를 급파한다. 죄인이 혹시라도 변명하느라 시간을 지체하다가는 죽음을 면치 못할 급박한 상황이었다. 그런데 이때 다윗은 겸손한 모습으로 신속하게 회개하는 모습을 보이며 최대의 위기를 모면했다. 다윗이 죽임을 당하는 최악의 벌칙은 면한 것이다. 그리고 다음 단계의 벌칙이 자식의 죽음이었다. 다윗이 신속하게 회개의 모습을 보였을 때 나단 선지자는 다음과 같이 말한다.

> '여호와께서도 당신의 죄를 사하셨나니 당신이 죽지 아니 하려니와 이 일로 말미암아 여호와의 원수가 크게 비방할 거리를 얻게 하였으니 당신이 낳은 아이가 반드시 죽으리다(삼하 12:13-14)'

부모가 죄인이라 할지라도 자식은 무슨 죄가 있는가. 그런데 아비를 벌하기 위한 도구로 사용되어 죽어야하다니. 다윗은 비통한 심정으로 자식의 목숨을 위해 금식하며 기도한다. 그러나 아이는 여지없이 죽어버렸고, 다윗은 이에 대해 조금도 불평하지 않고 슬픈 내색도 하지 않는다. 전적으로 하나님의 결정에 순복하는 자세이다. 그리고 두 번째로 태어난 자식이 솔로몬이다. 솔로몬처럼 귀한 자식을 얻은 것은, 다윗의 진정한 회개와 순종의 자세가 있었기에 가능한 일이었으리라. 아무튼, 이때는 다윗이 하나님 앞에서 가장 겸손한 마음의 자세를 유지하던 시기였음에는 분명하다. 이 시기에 태어난 솔로몬은 하나님으로부터도 사랑을 받는다.

. . .

다윗과 사무엘은 다르다

 다윗은 싸움에 능한 지도자였다. 그의 역할은 강력한 이스라엘의 건설과 확장을 위해 전쟁에서 많은 피를 흘리는 일이었다. 그의 역할은 영적 지도자인 선지자들과는 다르다. 그래서 하나님께서 그에게 요구한 성결의 수준도 달랐다는 점을 참작해서 다윗 이야기를 읽어야 한다. 그는 진정한 회개를 다 하며, 그에게 맡겨진 일들을 훌륭하게 해냈다. 이스라엘의 왕으로서, 그리고 하나님의 벗으로서!

07

솔로몬의 타락 이후

다윗의 아들 예루살렘 왕 전도자의 말씀이라.
전도자가 이르되 헛되고 헛되며 헛되고 헛되니
모든 것이 헛되도다. _전 1:1-2

전도서는 솔로몬의 이야기이다.[21] 솔로몬은 전도서를 통해 그의 부귀와 타락과 회심의 역사에 대해 회고한다. 그는 다윗왕으로부터 물려받은 영토와 부(富)를 더 확장시키며 이스라엘의 가장 강력한 부흥기를 통치한 왕이었다. 고대의 왕들이 백성 위에서 하나님처럼 군림하는 존재였던 것을 감안하면, 솔로몬은 인간으로서 최고의 영광을 누린 인물이다. 인간의 몸으로 그처럼 높은 위치에 있으면서 타락하지 않을 존재가 있을까? 전도서를 통해 솔로몬은 그가 극심하게 타락해 가는 과정과 거기서 회개하고 돌아와서 이전의 영적 수준으로 회복되는 과정을 낱낱이 서술하고 있다.

　다윗에 대한 사랑이 솔로몬에게도 이어지면서, 하나님께서는 솔로몬이 태어나는 순간부터 그를 기뻐하시고 사랑하셨다. 더군다나, 어린 나이에도 불구하고 백성을 진심으로 사랑하고 그들을 잘 다스리기 위해 애쓰는 모습을 보면서 하나님께서는 그에게 모든 복(지혜와 부귀와 영광)을 부어주시며 기뻐하셨다. 이때 솔로몬이 받아 누린 지혜와 총명은 그야말로 전무후무한 최고의 것이었다. 하나님께서 솔로몬에게 맘껏 복을 부어주신 것이다. 하나님께서는 우리에게 복 주시기를 좋아하시지만, 인간들이 복을 받기만 하면 분별력이 흐려지므로 맘껏 부어줄 수 없어서 안타까운데, 그나마 믿을 만한 존재인 솔로몬에게는 맘껏 부어주시며 기쁨을 만끽하셨을 것이다. 솔로몬이 누린 복 중에서 물질적 부요에 대해 부분적으로나마 기록된 것을 살펴보자.

유다와 이스라엘의 인구가 바닷가의 모래 같이 많게 되매, 먹고 마시며 즐거워하였으며 솔로몬이 그 강에서부터 블레셋 사람의 땅에 이르기까지와 애굽 지경에 미치기까지의 모든 나라를 다스리므로 솔로몬이 사는 동안에 그 나라들이 조공을 바쳐 섬겼더라. 솔로몬의 하루의 음식물은 가는 밀가루가 삼십 고르요 굵은 밀가루가 육십 고르요 살진 소가 열 마리요 초장의 소가 스무 마리요 양이 백 마리이며 그 외에 수사슴과 노루와 암사슴과 살진 새들이었더라. 솔로몬이 그 강 건너편을 딥사에서 하나님께서는 친구 다윗을 잃는 것이 비통했고, 또다시 일어부터 가사까지 모두, 그 강 건너편의 왕을 모두 다스리므로 그가 사방에 둘린 민족과 평화를 누렸으니 솔로몬이 사는 동안에 유다와 이스라엘이 단에서부터 브엘세바에 이르기까지 각기 포도나무 아래와 무화과나무 아래에서 평안히 살았더라. 솔로몬의 병거의 말 외양간이 사만이요, 마병이 만 이천 명이며 그 지방 관장들은 각각 자기가 맡은 달에 솔로몬 왕과 왕의 상에 참여하는 모든 자를 위하여 먹을 것을 공급하여 부족함이 없게 하였으며 또 그들이 각기 직무를 따라 말과 준마에게 먹일 보리와 꼴을 그 말들이 있는 곳으로 가져왔더라. (왕상4:20-28)

솔로몬 시대 이스라엘이 누리던 평화와 풍요함이 잘 드러나고 있다. 그 시대에 이스라엘은 비로소 하나님께서 아브라함에게 약속하신 가나안 온 땅을 차지하면서 역사상 가장 넓은 영토를 차지하게 되었고, 오직 이 시기에만 이스라엘은 국제적인 힘의 정치에서 중요한 역할을 하기도 한다. 이스라엘이 이와 같은 부흥을 이루는 데는 솔로몬 왕의 역할이 지대하다. 그의 여호와 하나님에 대한 전적인 순종의 시기에 이와 같은 부흥이 일어났기 때문이다. 솔로몬 왕은 뛰어난 지혜로서 나라를 이끌었는데, 그의 지혜는 다윗 왕조를 사랑하시고 돌보시는 하나님으로부터의 선물이었다.

> 하나님께서는 솔로몬에게 지혜와 통찰력과 바닷가의 모래알같이 넓은 마음을 주셨습니다. 솔로몬의 지혜는 동방 모든 사람들의 지혜와 이집트의 모든 지혜보다 뛰어났습니다. 그는 그 어떤 사람보다 지혜로웠습니다. 예스라 사람 에단과 마홀의 아들들인 헤만과 갈골과 다르다 보다 더 지혜로웠기에 그의 명성은 주변 모든 나라에 자자했습니다. 그는 3,000개의 잠언을 말했고 그의 노래는 1,005개에 이르렀습니다. 그는 레바논의 백향목부터 성벽에서 자라는 우슬초에 이르기까지의 모든 나무에 대해 말했고 동물과 새들과 기어 다니는 것과 물고기에 대해서도 말했습니다. 세상 모든 왕들이 솔로몬의 지혜에 대해 듣고 지혜를 들으려고 사람을 보냈습니다. (우리말 성경, 열왕기상 4:29-34)

솔로몬의 지혜의 깊이와 풍성함은 그가 지은 '잠언'을 통해서 잘 드러나고 있고, 그의 광범위한 건축 활동을 통해서도 잘 나타난다. 솔로몬은 궁전과 성(城)과 같은 대규모의 건축물을 축조하고 도시를 세웠는데, 그의 역사(役事) 중에서 가장 심혈을 기울인 것은 성전 건축이었다. 성전 건축을 위해 이스라엘 전국에서 모아온 삼만 명의 역군은 교대로 레바논에 가서 일을 했고, 이스라엘에서는 짐을 운반하는 사람이 칠만 명이 있었고, 산에서 채석하는 사람이 팔만 명이 있었다. 그 밖에 작업을 감독하는 책임자만 해도 삼천삼백 명이 있었다 (왕상5:13-16). 솔로몬은 이렇게 정성을 들여 아름다운 전(殿)을 건축하고도 '하늘과 하늘의 가장 높은 곳이라도 하나님을 모실 수 없을 텐데, 제가 지은 이 집에 주님을 모실 수 있겠나이까' 하며 지극히 겸손한 마음으로 성전을 봉헌한다.

> 하나님이 참으로 땅에 거하시리이까. 하늘과 하늘들의 하늘이라도 주를 용납하지 못하겠거든 하물며 내가 건축한 이 성전이오리이까 (왕상 8:27)

이 시기에 솔로몬은 범사에 지혜로움을 드러냈고 이스라엘은 열방 가운데 하나님의 선택된 민족임을 드러냈다. 솔로몬 시대에는 여호와 하나님께서 "그 종 모세를 통하여 말씀하신 그 모든 좋은 약속이 하나도 이루어지지 않은 것이 없었다.(왕상8:56)" 솔로몬은 분명 그 축복의 한 가운데 있었다. 그런데 성경에서는 갑자기 많은 세월을 훌쩍 뛰어넘으며 대반전의 이야기를 전해준다. 그것은 바로 솔로몬의 철저한 타락과 그의 죽음 이야기인데, 세계 최고 지혜 자의 어이없는 배교와 초라한 말로(末路)는 작지 않은 충격과 많은 궁금증을 남긴다.

솔로몬은 왜 타락하였을까? 솔로몬처럼 지혜가 충만한 자도 타락할 수 있는가?성경의 역사서(열왕기서와 역대기)에서는 그의 타락과정 및 결과에 대한 설명이 전혀 없어서 솔로몬의 타락이야기는 미스테리한 사건처럼 남아있다. 이스라엘 최고 전성기를 일궈낸 인물의 갑작스런 추락에 대해 밝혀내는 것은 매우 의미 있는 일이 될 것이다. 그 자세한 내막을 살피기에 '전도서' 만큼 좋은 자료가 없다고 본다.

・ ・ ・

코헬렛 솔로몬

다윗의 아들 예루살렘 왕 전도자의 말씀이라. (전1:1)

히브리어 성경에서는 이 부분이 '다윗의 아들 예루살렘 왕 코헬렛의 말씀이라'로 되어있다. 개역성경에서는 '코헬렛'을 '전도자'라 번역하고 있는 것이다. 코헬렛(Qohelet)은 다른 성경에는 나오지 않고 전도서에서만 7번 등장한다. 전도서에서 코헬렛(Qohelet)은 고

유명사처럼 사용된다. 코헬렛의 뜻은 정확하지 않으나 대개 '격언을 모으는 사람, 혹은 지혜를 구하는 회중을 모으는 사람'이라는 의미로 해석한다. 그러면, 솔로몬이라는 이름 대신에 '코헬렛'이라는 이름을 사용한 까닭은 무엇일까? 이것은 다윗의 경우와 비교하면 이해가 쉽다.

다윗은 말년에 그의 삶을 돌아보며 남기는 마지막 노래에서 자신을 '이스라엘의 노래 잘하는 자' (삼하23:1)라고 표현했다. 다윗 말년기의 성숙함을 고려한다면 이 별명을 다윗 자신이 지은 것으로 보는 것은 적절하지 않다. 자화자찬하는 표현이 되기 때문이다. 자신이 지은 것이 아니라 하나님께서 주신 애칭이라고 보아야 할 것이다. 다윗이 왕의 위치에 있으면서도 하나님을 향한 마음이 순전했고, 말년으로 갈수록 영성 깊은 그의 찬양 시(詩)는 하나님을 기쁘시게 했다. 하나님을 기쁘시게 하는 찬양을 드리는 사람이야말로 가장 노래 잘하는 사람이다. 그래서 하나님은 다윗을 '이스라엘의 노래 잘하는 자'라는 별명을 지어주신 것이다.

이와 마찬가지로, 솔로몬이 삶을 정리하며 마지막으로 남기는 책에 등장하는 '코헬렛'도 하나님이 주신 애칭일 것이다. 솔로몬은 격언처럼 통찰력 있고 주옥같은 말들을 많이 말했다. 그래서 각국에서 많은 사람들이 그의 지혜를 듣기 위해 몰려들었다. '지혜를 구하는 회중을 모으는 자'라는 뜻의 코헬렛은 그의 지혜로움을 상징하기에 매우 적절한 애칭임에 틀림없다. 아래 본문은 젊은 시절의 솔로몬이 얼마나 지혜로웠는지에 대해 잘 표현해주고 있다.

> 그는 3,000개의 잠언을 말했고 그의 노래는 1,005개에 이르렀습니다. 그는 레바논의 백향목부터 성벽에서 자라는 우슬초에 이르기까지의 모든 나무에 대해 말했고 동물과 새들과 기어 다니는 것과 물고기에 대해서도 말했습니다. 세상 모든 왕들이 솔로몬의 지혜에 대해 듣고 지혜를 들으려고 사람을 보냈습니다.
> (왕상4:32-34)

그리고 전도서는 지혜자 솔로몬의 마지막 일성(一聲)이다. 솔로몬은 그의 타락과 회개를 통해 깨달은 것들을 전도서에 오롯이 담고 있다. 그는 이 지혜들이 사람들이 타락하지 않도록 돕는 역할을 하길 기원한다. 전도서의 내용은 솔로몬이 세상에서 시도해 본 것과 세상에서 발견한 것, 그리고 깨달은 것들의 반복적인 나열로 구성되어 있다. 전도서 1장 1절~11절은 전도서의 주제 부분으로써 그 내용은 '모든 것이 헛되다'는 것이다. 솔로몬이 이것을 깨닫기까지 수많은 세월을 허비했다. 그의 타락을 통해 많은 방황을 하다가 그것들이 모두 헛된 일임을 깨닫고 다시 하나님께 돌아와서 참회하는 심정으로 이 전도서를 쓴 것이다. 그리고 1장 12절부터는 그의 타락 과정에 대한 설명의 시작이다.

솔로몬의 타락

전도자가 가로되 헛되고 헛되며 헛되고 헛되니 모든 것이 헛되도다.(전1:2)

이것은 전도서의 주제이다. '헛되다'는 표현은 전도서에서 매우 여러 번 반복되는데, 이것의 의미는 '무의미', '부질없음', '허무', '결실이 없음', '헛수고' 등의 의미가 있다. 그러므로 이 본문은 현재 우리가 간절히 원하는 것의 대부분이 별것 아니므로 그것을 위해 너무 애태우지 말라는 의미로 보는 것이 적절하다. 세상 사람들은 현재보다 조금만 더 가지면 행복할 것이라는 신념으로 날마다 '조금만 더' 채워지기를 바라면서 평생을 허비하기 쉽다. 그러나 다 가져본 솔로몬이 말하노니, 그런 것들이 다 헛된 것이라는 것이다. '조금만'이 아니라 '전부를' 가져도 별거 아니라는 것인데, 이것은 '저는 다 누려놓고 우리 보고는 포기하라고 하느냐'하는 식의 반발을 사기도 한다. 다 가져본 자가 하는 말이라서 거부감이 든다면, 사도바울처럼 아무것도 가지지 않은 자의 권면에 귀 기울일 일이다. 가지고 있던 모든 것을 분토와 같이 여기고 포기한 채, 오직 주님만 따르며 헌신한 그의 엄격한 권고에는 순순히 복종할 수 있는가? 그의 말에 순복할 마음이 있는 사람이라면, 솔로몬의 권고에도 크게 거부감을 느끼지 않을 것이다.

> 나 전도자는 예루살렘에서 이스라엘 왕이 되어 마음을 다하며 지혜를 써서 하늘 아래에서 행하는 모든 일을 연구하며 살핀즉 이는 괴로운 것이니 하나님이 인생들에게 주사 수고하게 하신 것이라. 내가 해 아래에서 행하는 모든 일을 보았노라. 보라 모두 다 헛되어 바람을 잡으려는 것이로다. 구부러진 것도 곧게 할 수 없고 모자란 것도 셀 수 없도다. (전1:12-15)

솔로몬은 왕이 된 이후에 지혜를 다하여 인생의 여러 가지에 대해 탐구하게 되었는데, 그 일이 쉬운 일은 아니었다. 그럼에도 불구하고 그 일을 계속했던 것은 하나님께서 인생(솔로몬)에게 생각하는 힘을 주셨고 그런 수고를 하게끔 만드셨기 때문이라는 것이다. 그런데 솔로몬이 그런 수고를 통해 깨달은 결론은, 해 아래 모든 것이 헛되다는 것이었다.

> 내가 내 마음속으로 말하여 이르기를 보라 내가 크게 되고 지혜를 더 많이 얻었으므로 나보다 먼저 예루살렘에 있던 모든 사람들보다 낫다 하였나니 내 마음이 지혜와 지식을 많이 만나 보았음이로다. (전1:16)

하나님께서 너무 많은 지혜를 주시다 보니, 솔로몬의 출중함은 모든 분야에서 드러났다. 넘치듯 솟아나는 지혜로 인해 범사에 뛰어난 능력을 발휘하는 자신을 보면서 솔로몬은 하나님께서 약속하신 대로 큰 지혜를 주셨음을 확인할 수 있었을 것이다. 은혜를 많이 받을수록 감사하는 마음도 각별해야 한다. 그것을 당연하게 여기고 감사하는 마음이 식어지는 순간 하나님의 은혜가 더 이상 임하지 않고 그의 마음은 허전해진다.

> 내가 다시 지혜를 알고자 하며 미친 것들과 미련한 것들을 알고자 하여 마음을 썼으나 이것도 바람을 잡으려는 것인 줄을 깨달았도다. 지혜가 많으면 번뇌도 많으니 지식을 더하는 자는 근심을 더하느니라. (전 1:17-18)

그의 마음이 허전해진 탓일까, 이 시점에서 그는 특이하게도 '미친 것들과 미련한 것들'에 대해 궁금증을 갖게 된다. 그래서 그것을 알려고 애썼으나, 명쾌한 해답을 얻지 못한다. 하나님과 멀어지기 시작하면 인간의 명석함은 오히려 많은 번뇌와 근심을 가져다준다. 그래서 연구에 몰입해도 별다른 성과 없이 머리만 복잡해지고 마음고생을 하게 된다.

나는 스스로 말하였다. "이제 내가 시험적으로 마음껏 즐기리니 쾌락이 무엇인지 알아보자." 그러나 그것 역시 허무한 일일 뿐이었다. 내가 웃음을 생각해 보니 그것도 미친 짓이었다. 즐기는 것에서 무슨 보람을 얻을 수 있겠는가? (쉬운성경, 전 2:1-2)

그동안 솔로몬은 그의 지혜를 통해 많은 성과를 거두었으나, 이 시점에 이르러서 그것이 매우 힘겨운 일이 되어 버렸다. 성과는 없고 머릿속만 복잡한 상태에서 번민한다. 그 고통이 매우 극심했는지 아니면 지혜를 연구하는 일이 식상해졌는지 그는 이 순간부터 지혜 연구하는 일을 중단하고 이제는 맘껏 놀아보기로 작정을 한다. 쾌락이 무엇인지 알기 위해 맘껏 쾌락에 빠져보기로 한 것이다. 그리고 그가 깨닫는 것은 쾌락에 빠져 웃는 웃음은 미친 짓이고, 즐기면서 얻을 수 있는 것은 아무것도 없다는 것이었다. 쾌락에 빠질수록 즐겁기는커녕 더욱 허전해졌다.

이번에는, 내 마음으로는 여전히 지혜를 찾으면서 술을 잔뜩 마셔 보기로 했다. 나는 사람이 하늘 아래서 잠시 사는 동안 무엇이 정말 보람된 일인지를 알아보기 원했던 것이다.(쉬운성경, 전 2:3)

이제는, 어떤 새로운 깨달음을 얻기 위해 솔로몬은 술 마시는 일에 도전한다. 맘껏 술을 마시고 실컷 취해보면서 얻는 깨달음이 있을지 시도해보는 것이다. 그리고 다른 일도 시도한다.

> 나는 큰 사업들을 이루었다. 대궐들을 건축하고, 포도원도 만들었다. 나를 위해 동산과 공원을 만들고, 그 안에 온갖 과일나무를 심었으며, 심은 나무들이 푸른 숲을 이루도록 연못을 파서 물을 대었다. 남종과 여종을 샀고, 집에서 태어난 종들도 있었다. 소 떼와 양 떼도 예루살렘에 살았던 그 누구보다도 많았다. 금은 보화, 왕의 보물들, 그리고 여러 지방의 진귀한 물건들을 대량으로 모아들였다. 남녀 가수들은 물론 남자들이 좋아하는 첩도 많이 두었다. 나는 전에 있던 예루살렘의 그 누구보다도 위대하게 되었고 지혜도 늘 나와 함께 있었다. (쉬운성경, 전 2:4-9)

솔로몬은 그 외에도 수많은 것을 시도해본다. 자기만족을 위한 화려한 집치장, 수많은 재산과 보물 소유, 그리고 노래하는 자들과 수많은 첩을 거느리는 일 등…….그가 원하는 것은 무엇이든 가질 수 있는 위대한 존재였다. 이와 같은 시도들은 하나님이 기뻐하실 일이 아닌 것이 분명한데, 그는 여전히 지혜롭기까지 했다. '지혜도 늘 나와 함께 있었다.'는 그의 고백은 매우 의미심장하다. 하나님께서는 그의 각종 악한 행위에 대한 징계로서 '지혜를 거두어가는 것'과 같은 즉각적인 조처는 취하지 않은 것으로 보인다.

> 나는 내 눈이 원하는 것이라면 무엇이든 거절하지 않았다. 그 어떤 쾌락도 사양하지 않았다. 나는 이 모든 일들로 인하여 기쁨을 누렸고, 이것은 내 모든 수고의 보상이었다. 그런데 내 손이 한 일과 노력한 수고를 돌이켜보니, 모든 것이 바람을 잡는 것처럼 허무했다. 해 아래서 도대체 무슨 보람을 얻겠는가? 나는 다시 지혜와 미친 짓, 우둔함이 무엇인지 깨치려고 작정했으나, 왕위를 계승하는 자는 이미 되어진 일 외에는 달리 어떤 일도 하지 않는다는 것을 알았다. (쉬운성경, 전 2:10-12)

그의 불안한 행보는 계속된다. 좀 더 다양한 분야에 대한 쾌락 추구이다. 자기가 수고해서 이뤄낸 성과들인 만큼 그것들을 누릴 권리도 자신에게 있다고 합리화하면서. 그러나 얼마 후 되돌아보니 그것들이 모두 무의미하게 느껴진다. 마음이 허전해진다. 솔로몬은 진정한 지혜와 '미친 짓과 우둔함'이 무엇인지에 대한 궁금증이 다시 일어난다. 그러나 그는 국왕으로서 바쁜 일정에 쫓겨 그 문제에 대한 깊이 있는 성찰을 할 수 없게 된다.

> 빛이 어둠보다 나은 것과 같이 지혜가 우둔함보다 낫다. 현명한 사람은 자기 앞을 보고 어리석은 사람은 어둠 가운데서 살지만 내가 깨닫고 보니, 둘 다 결국은 같은 운명이었다. (쉬운성경, 전 2:13)

솔로몬은 지혜와 우둔함의 차이는 빛과 어둠의 차이처럼 현격하다는 신념을 갖고 있었다. 그래서 현명한 사람은 앞을 보면서 지혜롭게 살고, 어리석은 사람은 아무 대책도 없이 막막하게 살아가는 비참한 인생이라고 생각했다. 그러나 '죽음' 앞에서는 둘 다 똑같은 운명이라는 것을 깨닫게 된다. 죽음에 대해 관심을 갖기 시작한다.

> 그래서 나는 스스로 말하였다. "어리석은 자와 같은 운명을 나도 당할 것인데, 내가 지혜롭게 살아도 아무 소용없으니 이것 역시 허무하다." 지혜로운 자도 어리석은 자처럼 오래 기억되지 못하고, 조만간 둘 다 잊혀지고 말 것이다. 어리석은 사람처럼 지혜로운 사람도 역시 죽어야 할 운명일 뿐이다. (쉬운성경, 전 2:15-16)

현자라고 해서 그의 죽음을 막을 수 있는 것이 아니며, 또 그것이 언제 임할지도 모르는 채 살아야 한다. 그렇게 갑자기 죽고 나면 그의 명성이나 명철함도 다 잊혀지기 마련이다. 자신이 지혜롭게 살아온 것에 대한 자부심이 팽배했던 솔로몬은 '지혜롭게 산다는 것도 별 의미가 없는 짓'이라는 것을 깨닫고는 허무감을 느끼게 된다.

그래서 나는 산다는 것이 싫어졌다. 왜냐하면, 해 아래서 되어지는 일이 내게 슬픔만 주고 모든 것이 바람을 잡으려는 듯 허무하기 때문이다. 정말, 해 아래서 내가 수고했던 모든 일들을 내 후대에게 물려주어야 한다고 생각하니 이 모든 일이 싫어졌다. 그 사람이 지혜로울지, 어리석을지 누가 알까? 나의 후계자도 내가 수고하고 노력했던 모든 일을 자기 마음대로 할 것이니 이것도 허무하다. 그래서 나는 내가 했던 모든 수고에 실망했다. 사람이 지혜와 지식과 재주를 가지고 자기 일을 하지만, 결국 그 모든 것을 수고하지 않은 다른 사람에게 물려주어야 하니, 이것 역시 허무하고 크게 잘못되었다. (쉬운성경,전2:17-21)

결국, 솔로몬은 삶의 회의에 빠지게 된다. 많은 것을 얻기 위해 쉬지 않고 수고했건만 모든 수고가 헛된 일로 여겨진다. 수고를 통해 얻은 성들이 전혀 만족감을 주지 못한다. 하나님을 떠나서 얻은 것은 그 어떤 것도 기쁨이나 위로가 되지 않는 것이다. 이 허무함을 극복하기 위해 그는 더 새로운 것 좋은 것을 목표로 성공을 추구하겠지만, 결과는 다 같이 허무하기만 하다. 이런 솔로몬에게 하나님께서는 '너는 죽도록 고생하며 일을 성취하려니와, 내가 너를 오늘 밤에라도 데려가면 그 모든 성과는 네 아들이 다 누릴 것이다.' 라는 경고를 주신 것 같다. 그래서 솔로몬은 '평생 수고한 것을 모두 자식에게 물려주는 것이 허무하다.' 고 탄식하는 것이다. 사랑하는 자식에게 좋은 것을 물려주는 것도 아비의 기쁨이고 보람일 수도 있는데도 불구하고 이것마저 슬퍼하는 것을 보면, 솔로몬은 지금 하나님의 섭리 가운데 절대적 허무감에서 사로잡혀 있는 것이다.

> 사람의 모든 수고와 마음의 염려로 얻는 것이 무엇인가? 날이면 날마다 일하는 수고는 괴로움뿐이며, 밤이라고 마음 편히 쉴 수도 없으니 이것도 허무한 일이다. (쉬운성경, 전2:22-23)

이제 솔로몬이 그의 수고로 인해 얻는 것이라고는 피곤함과 괴로움뿐이다. 지금 솔로몬의 영적 상태는 동이 트기 직전의 가장 깜깜한 상태이다.

· · ·

솔로몬의 회개

> 사람에게 먹고, 마시고, 자기 일에 만족하는 것 이상으로 좋은 일은 다시없다. 내가 보니, 이것 역시 하나님의 손이 정하신 대로다. 누가 나보다 먹고 즐기는 일에 나은 자가 있을까? (쉬운성경, 전2:24-25)

솔로몬은 드디어 하나님이 주신 것들을 먹고 마시며 자기의 일에 만족하는 것이 최선이라고 깨닫게 된다. 그리고 되돌아보면 자신처럼 풍족하게 먹고 마시며 즐거워한 사람이 없을 것이라고 말한다. 아울러, 그것에 만족하지 못하고 더 많은 쾌락을 위해 삶을 허비한 자신에 대한 자책이 담겨있다.

> 하나님께서 보시기에 좋은 사람에게는 지혜와 지식과 행복을 주시지만, 죄인에게는 수고를 주신다. 그리고 하나님을 기쁘시게 하는 사람에게 죄인이 쌓은 부를 주도록 하신다. 이것 역시 바람을 잡는 것처럼 허무하다. (쉬운성경, 전2:26)

하나님께서 죄인에게는 수고하는 일을 시키시고 그가 쌓은 부(富)를 선한 사람에게 주도록 하신다는 솔로몬의 고백은 신선하다. 이 깨달음이 자신의 경험(타락)을 통해 얻는 것이고 보면, 여기에서 '죄인'은 분명히 자신을 지칭하는 것이 분명하기 때문이다. 하나님께서 자신에게 충분한 것을 주셨는데도 자신이 더 많은 것을 얻기 위해 애쓴 과정들은 다 죄인의 수고일 뿐이라는 고백이다. 자신이 '죄인'임을 깨달은 직후 솔로몬은 마음을 비우고 하나님 앞에서 겸허한 자세로 다음과 같은 고백을 한다.

> 범사에 기한이 있고 천하만사가 다 때가 있나니 날 때가 있고 죽

을 때가 있으며 심을 때가 있고 심은 것을 뽑을 때가 있으며(전 3:1-2a). 일하는 자가 그의 수고로 말미암아 무슨 이익이 있으랴. 하나님이 인생들에게 노고를 주사 애쓰게 하신 것을 내가 보았노라. 하나님이 모든 것을 지으시되 때를 따라 아름답게 하셨고 또 사람들에게는 영원을 사모하는 마음을 주셨느니라. 그러나 하나님이 하시는 일의 시종을 사람으로 측량할 수 없게 하셨도다. 사람들이 사는 동안에 기뻐하며 선을 행하는 것보다 더 나은 것이 없는 줄을 내가 알았고 사람마다 먹고 마시는 것과 수고함으로 낙을 누리는 그것이 하나님의 선물인 줄도 또한 알았도다. (전3:9-13)

솔로몬은 '하나님의 때'에 대해 깨닫는다. '하나님의 때'는 하나님께서 작정하시고 일을 이루시는 시점이다. 전적으로 타락했던 자신이 다시 하나님께 돌아온 사건이야말로 하나님의 때에 이르러서 성취된 일임을 깨닫는다. 하나님의 뜻을 모르는 인간의 수고는 무의미할 수밖에 없다. 그러므로 범사에 하나님을 전적으로 신뢰하는 마음으로 기뻐하며 선을 행하는 것이야말로 복된 삶이라고 고백한다.

하나님께서 행하시는 모든 것은 영원히 있을 것이라 그 위에 더할 수도 없고 그것에서 덜 할 수도 없나니 하나님이 이같이 행하

심은 사람들이 그의 앞에서 경외하게 하려 하심인 줄을 내가 알
았도다(전3:14).

솔로몬은 여호와 하나님에 대한 신앙을 회복하기 시작한다. 하나님이 두 번이나 나타나셔서 말씀하셔도 다시 돌아오기 힘든 만큼 깊은 수렁에 빠졌던 솔로몬이 [22] 방탕한 삶에서 돌아서게 된 결정적인 사건은 무엇이었을까? 다음의 고백에서 그가 겪었을 어떤 특별한 체험을 짐작하게 한다.

> 사람의 운명과 짐승의 운명은 비슷하다. 사람이 죽는 것처럼 짐승도 죽으므로, 사람이나 짐승이나 호흡은 동일하다. 이렇게 모든 것이 헛되니 사람이 짐승보다 나은 것이 무엇인가? 모두가 흙에서 와서 흙으로 돌아가듯, 다 같은 곳으로 돌아간다. 사람의 영은 위로 올라가고, 짐승의 영은 땅으로 내려가는 것을 누가 알겠는가? 내가 살펴보니, 사람이 자기 일을 즐기는 것보다 나은 것이 없다. 그것은 그의 몫이기 때문이며, 그에게 죽은 다음에 일어날 일을 보여 줄 사람이 없기 때문이다. (쉬운성경, 전 3:19-22)

솔로몬은 '죽음'의 체험을 통해 극적으로 회심하게 된 것이다. 호흡이 잠시만 멈추면 죽는다는 점과 죽으면 흙으로 돌아간다는

점에서 인간과 짐승은 동일하다. 그리고 사람일지라도 하나님을 모르면 짐승과 같이 된다는 점에서 둘은 연관성이 있다. '짐승의 영이 땅으로 내려간다는 것'은 하나님을 믿지 않는 사람의 영이 지옥으로 내려감을 의미한다. 아울러 이것은 하나님을 떠나 죄악 길을 걷던 솔로몬이 갑자기 죽어서 지옥으로 내려가는 끔찍한 체험을 한 것에 대한 고백이다. "사람의 영은 위로 올라가고, 짐승의 영은 땅으로 내려가는 것을 누가 알겠는가?" 그것은 직접 겪어보지 않고는 절대 알 수 없는 일이다. 솔로몬도 직접 겪어 보고서야 비로소 그것을 알았다. 죽음의 체험을 통해서 지옥을 보았고 그로 인해 회개하게 된 것을 감사하는 것이다.

솔로몬이 죽음의 체험을 통해 회심한 것으로 보는 필자의 견해는 열왕기상 본문을 근거로 한다. 솔로몬이 말년에 하나님과 멀어졌을 때 하나님이 나타나서 말씀하셔도 듣지 아니하자, "이 나라를 빼앗아서 신하에게 주리라"고 하신다(왕상11:11). 그러나 하나님께서 다윗을 사랑하므로 이 일이 솔로몬 때에 일어나지 않고, 그의 아들인 르호보암 때에 일어났다. 나라가 둘로 나뉘지고 북이스라엘은 솔로몬의 신하였던 여로보암이 차지한다. 솔로몬 때문에 내린 벌인데 그는 이미 세상을 떠났으므로 당사자에게는 전혀 고통을 주지 않는다. 그렇다면, 타락한 후의 솔로몬은 타락에 관련한 아무런 징계도 받지 않은 것인가? 하나님이 두 번이나 찾아와서 말씀하셔도 솔로몬이 돌아오지 않았으므로, '너 때문에 나라를 둘로 나누리라.' 하시고는 더 이상의 추가 조처도 없이 끝내버렸다는 것인가? 그래서 그는 더 이상 회개의 기회를 얻지 못하고 그대로 죽어서 스올로 내려가 버렸다는 것인가? 그렇다면, 다윗을 사랑하기 때문에 솔로몬에게 베푼 하나님의 애정은 오히려 그를 망하게 하는 올무가 된 것이다. 자식이 너무 사랑스러워서 꾸짖지 못하고 감싸주기만 하다가 자식인생을 망치는 부모처럼 하나님은 어리석은 분이신가?

  결코 그럴 수 없다. 하나님께서는 다윗을 사랑하시므로 솔로몬을 방치해두실 리가 없다. 결코 포기하지 않으시고 그를 확실하게 회심시킬 특단의 조처를 강구해서 그를 건져내기에 힘쓰실 것이다. 잠시 죽어서 스올[지옥]을 경험하게 하는 것. 이것이야말로 타락한 영혼을 단번에 정신 차리게 하는 가장 확실한 특효약이다. 이런 체험을 하고도 회심하지 않을 사람은 하나도 없을 것이므로. 그러나 이런 체험을 아무나 하는 것이 아님을 알기에 솔로몬은 더욱 감격한다.[23] 그리고 그는 "내가 살펴보니, 사람이 자기 일을 즐기는 것보다 나은 것이 없다. 그것은 그의 몫이기 때문이며, 그에게 죽은 다음에 일어날 일을 보여 줄 사람이 없기 때문"이라고 고백하는 것이다(전3:22). 타락한 사람들이 자신의 사후 모습인 지옥을 체험하면 누구라도 회심을 하겠으나 그런 체험이 누구에게나 허락된 것이 아니기에, 타락하지 않도록 하는 것이 무엇보다 중요하며, 그 방법으로는 자신의 분복에 만족하며 사는 것이 최선이라고 힘주어 강조하는 것이다.

> 또 살펴보니, 모든 수고와 성취는 이웃에 대한 시기심에서 발생하였다. 이것 역시 바람을 잡으려는 것처럼 허무한 일이다. (전 4:4) 충고를 싫어하는 나이 많고 어리석은 왕보다는, 가난하지만 지혜로운 소년이 더 낫다. 모든 사람들이 왕이 된 그를 따랐다. 그러나 그가 다스리는 무리가 수도 없이 많았지만, 이후의 세대는 아무도 그를 좋아하지 않았다. 이것 역시 허무한 일이요, 바람을 잡는 것이다. (쉬운성경, 전4:13-16)

솔로몬은 이웃에 대한 시기심도 경계하라고 말한다. 죄의 발단이 되기 때문이다. 또 명성의 허무함에 대해서도 말한다. 모든 사람의 존경을 받는 '왕'의 자리일지라도 별것 아니라고 말한다. 그러면 솔로몬이 깨달은 중요한 것은 무엇인가? 그것은 다음과 같다.

> 하나님의 집에 예배하러 들어갈 때에 발걸음을 조심하여라. 형식적으로 예배드리는 어리석은 자보다 말씀을 듣기 위해 조용히 나아가는 자가 더 낫다. 어리석은 자들은 악을 행하면서도 알지 못한다. 하나님 앞에서 함부로 입을 놀리지 마라. 조급한 생각으로 무엇을 말하지 마라. 하나님은 하늘에 계시고 너는 땅에 있으니, 너는 말을 적게 하여라. (쉬운성경, 전 5:1-2)

솔로몬은 '예배와 경건 생활의 중요성'에 대해 비중 있게 다루며 구체적으로 설명한다. 이것이 바로 인간에게 중요한 것이 무엇인가에 대한 솔로몬의 깨달음인 것이다.

> 노동자는 적게 먹든지 많이 먹든지 잠이 달콤하지만, 부자는 재물이 많으므로 걱정 때문에 잠을 이루지 못한다. 우리는 태에서 알몸으로 나올 때처럼, 알몸으로 돌아간다. 손으로 수고한 그 어떤 것도 지니고 가지 않는다. (쉬운성경, 전 5:12,15)

최고의 부요를 누려온 솔로몬은 부(富)의 헛됨에 대해서도 말한다. 우리가 죽어서 하늘나라에 갈 때는 '손으로 수고한 그 어떤 것도 지니고 가지 않는다.' 그러므로 우리의 내세에 아무런 유익이 되지 못할 '이 땅에서 재물 모으기'는 하지 말라는 것이다.

> 내가 관찰해 보니, 하나님께서 주신 자신의 생애 동안 먹고, 마시며, 자신이 하는 일에서 보람을 느끼는 것이 행복이요, 적절한 일이다. 그것이 인생의 몫이기 때문이다. 하나님께서 재산과 부를 주시고, 또 그것들을 누리게 해 주실 때, 자기 몫을 받아서 자기 하는 일에 즐거워하는 것이 바로 하나님의 선물이다. (쉬운성경, 전 5:18-19)

하나님이 주신 재산과 직업, 즉 각자의 몫으로 허락된 복(福)에 만족하는 것이 가장 현명한 삶이다. 그것은 하나님이 우리에게 주신 선물이기 때문이다. 그 이상을 바라는 것은 욕심이며 본인을 유익하게 하지도 못한다. 너무 많은 재물과 재능이 오히려 화(禍)가 된 솔로몬의 경험에 의한 깨달음이다.

> 나는 내 허무한 인생을 살면서 이런저런 일을 다 보았다. 의로운 생활을 하면서도 망하는 의인이 있는가 하면, 죄악된 생활을 하면서도 오래 사는 악인이 있다. 지나치게 의로운 체하지 말고, 지나치게 지혜로운 체하지 마라. 그러다가 망할 필요는 없지 않은가? (쉬운성경, 전 7:15-16)

솔로몬은 너무 많은 것을 누리다 보니 자만(自慢)에 빠지면서 하나님과 멀어진 '허무한 인생'을 살았음을 고백한다. 솔로몬은 자신의 삶을 '의인이었다가 망해버렸고, 죄악된 생활을 하면서도 오래 사는 악인'의 삶이었다고 표현한다. 의인이었다가 망한 이유는 '지나치게 의로운 체하고, 지나치게 지혜로운 체' 하였기 때문이다. 하나님이 주신 지혜를 자신의 능력인양 자랑한 것에 대한 뉘우침이다. 그리고 '죄악 된 생활에 빠진 악인'으로서 언제 죽을지 모를 위태로운 목숨이었는데 하나님께서 신속히 심판하지 않으시고 오래 기다려주신 것에 대한 감사의 고백이 담겨있다.

나는 거듭 마음에 작정하고 지혜와 세상 이치를 깨닫고자 공부하고, 탐구하고, 연구하였다. 그리고 악하게 사는 일이 어리석고, 어리석음이 미친 짓임을 알았다. (쉬운성경, 전7:25)

솔로몬은 오랜 세월 동안 자신의 힘으로 진리를 깨닫고야 말겠다는 강한 집착에 빠져있었다. 그러던 어느 날 '악하게 사는 것이 어리석은 것이고 어리석음이 미친 짓이다. (The stupidity of wickedness and the madness of folly)'하는 깨달음을 얻게 된다. 이것은 솔로몬이 타락 초기부터 궁금해했던 '어리석음과 미친 짓(전1:17, 2:12)'에 대한 해답이다. 그런데 솔로몬을 왜 '어리석음과 미친 짓'에 대해 그토록 궁금해했을까? 그것은 하나님께서 솔로몬에게 제시한 문제였기 때문이다. 하나님께서는 솔로몬이 타락의 길로 들어서는 순간부터 '솔로몬아, 세상에서 어리석고 미친 짓이 무엇이겠느냐?' 하는 질문을 던지신다. 그래서 솔로몬은 '어리석고 미친 짓'에 대한 궁금증이 지속적으로 유발되었다. 그리고 여기서 드디어 하나님께서는 솔로몬에게 '네가 하고 있는 짓이 어리석고 미친 짓이다.' 하는 응답을 해주신다. 그것은 솔로몬이 그동안 추구해온 영적 타락과 지적 교만에 대한 책망의 말씀이다.

'인간의 노력으로 진리에 대한 깨달음을 얻을 수 있다는 네 생각은 어리석음이고, 집착을 가지고 도전하며 세월을 허비하는 것은 미친 짓이다. 맘껏 쾌락을 누려보리라는 네 생각은 어리석은 생각이요, 그것을 구체적으로 실행하며 맘껏 쾌락을 즐긴 것은 미친 짓이다. 네가 나 하나님을 떠난 것은 악한 일이고 거기서 네가 추구한 일들은 모두 미친 짓이다.' 하는.

솔로몬이 죄에 빠지는 순간부터 하나님의 이 말씀은 그의 마음 속에서 울리기 시작했다. 그러나 그의 마음이 하나님과 멀어져 있었기 때문에 그 말씀을 제대로 듣지 못하고 '어리석고 미친 짓'이라는 말만 희미하게 전달되어 그에 대한 궁금증이 증폭되고 있었던 것이다. 그리고 드디어 솔로몬은 그 말씀을 선명하게 제대로 듣게 되었다. 결론적으로, 솔로몬은 죽음의 체험을 통해서 전적인 회심을 하였고 '어리석고 미친 짓'으로부터 벗어나게 된 것이다.

> 누가 지혜로운 사람인가? 누가 사물의 이치를 깨우쳤는가? 사람의 지혜는 그의 얼굴에 광채가 나게 하나니 그의 얼굴의 사나운 것이 변하느니라. 내가 권하노라 왕의 명령을 지키라. 이미 하나님을 가리켜 맹세하였음이라. 왕의 말은 권능이 있나니……. (전8:1,2,4a)

솔로몬은 사물의 이치를 깨달은 지혜자의 특징에 대해 말한다.

얼굴에 광채가 나고 평안이 넘치는 것이 그 특징인데, 이것은 자신이 회개하고 깨달은 후의 모습을 묘사한 것이다. 그의 회심을 전혀 알아채지 못하고 여전히 악한 왕인 줄로 알고 대하는 신하들에게 이제는 새롭게 변화된 솔로몬 왕의 권면에 순종하라고 가르친다. 솔로몬은 8장 2절부터 8절에 걸쳐 왕 앞에서의 지혜로운 처신에 대해 말한다. 신하들이 복을 받을 수 있는 방법들을 상세하게 기록하고 있다. 이것은 자신이 왕으로서 그들에게 맘껏 은혜를 베풀고 싶은 심정의 표현이다.

> 이러므로 나는 삶을 즐기라고 권하고 싶다. 왜냐하면 해 아래서 먹고, 마시고, 만족하는 것보다 더 나은 것이 없기 때문이며, 하나님께서 그에게 주신 전 생애 동안 기쁨이 있을 것이기 때문이다. (전8:15)

솔로몬이 반복적으로 강조하고 있는 '삶을 즐기라'는 교훈은 마음 내키는 대로 산다거나 맘껏 쾌락을 즐기며 살라는 의미가 아니다. 맘껏 쾌락을 즐기다가 죽을 뻔했다가 회개하여 이 글을 쓰는 솔로몬이 그런 표현을 할 리가 만무하다. 이것은 '범사에 감사하라'는 말씀과 매우 비슷하다. 자신에게 현재 주어진 환경에 만족하라는 것이다. 현실에 만족하고 진심으로 감사하며 살라는 것이다. 그러면 그의 삶에 기쁨이 넘치리라는 교훈이다. 이것은 솔로몬을 통해 하나님께서 우리에게 주시는 교훈이다. 평생토록 현실보다 좀 더 나은 윤택함과 행복을 추구하는 성도들에게 그것들을 너무 열망하지 말라는 경고의 말씀이다. 그런 열망은 끝이 없어서, '네가 만일 솔로몬처럼 많은 것을 가지게 될지라도 더 많은 것들을 열망하게' 될 것임을 솔로몬을 통해 깨달으라는 것이다.

> 죽은 사람은 사랑과 미움, 시기하는 일을 오래전에 그치고, 해 아래서 일어나는 어떤 일에도 다시는 참여할 수 없다. 그러니 너는 가서 즐겁게 먹고, 기쁜 마음으로 네 포도주를 마셔라. 왜냐하면 이미 하나님께서 네가 하는 일을 인정하셨기 때문이다. 언제나 흰 옷을 말끔하게 차려입고, 머리에는 기름을 발라라.
> 하나님께서 주신 이 허무한 생애 동안, 네가 사랑하는 네 아내와 생을 즐겨라. 이것이 네 삶의 몫이요, 네 수고의 보상이다. 네 손이 발견하는 것이 무엇이든, 힘을 다해 일하라. 왜냐하면 네가 장차 들어갈 무덤에서는 일하는 것도, 계획하는 것도, 지식도, 지혜도 없기 때문이다. (쉬운성경, 전 9:6-10)

이것은 회개하고 돌아온 솔로몬이 지혜를 구하는 자들에게 권하는 교훈이다. 지옥으로 떨어지는 죽음의 경험을 통해 솔로몬은 해(日)아래 살아있음이 얼마나 소중한지 깨달았다. 살아있는 자에게는 기회가 있기 때문이다. 그들은 현재 받은 복에 감사하며 기뻐

해야 한다. 마음에 천국이 이뤄진 자라야 장차 천국에 갈 수 있기 때문이다. 흰옷을 말끔히 차려입고 머리에 기름을 바르고 축제를 하듯 최대한 즐거운 마음으로 현재 삶을 즐기라고 권한다. 하나님께서 주신 이 고단한 생애 동안, 사랑하는 아내와 생을 즐기는 것이 하나님이 각자에게 주신 복(福)이며 그 이상의 욕심은 죄악이라고 권면한다. 또 열심히 일하라는 교훈으로 삶에 대한 성실한 자세를 강조하고 있다.

> 내가 세상을 살펴보니……. 재주가 있다고 해서 은총을 얻는 것도 아니다. 이는 모든 이에게 때와 기회가 동일하게 찾아오기 때문이다. 아무도 자기 때를 알지 못한다. 물고기가 무자비한 그물에 걸리고 새가 덫에 걸리듯, 사람 역시 자기에게 닥치는 예기치 못한 불운의 덫에 걸릴 때가 있다. (쉬운성경, 전 9:11-12)

재주가 많은 자라해도 불운의 덫에 걸릴 때가 있다고 솔로몬은 말한다. 그것은 자신의 이야기다. 그가 많은 것을 갖추고 있었고 지혜가 넘쳤지만 그럼에도 불구하고 스스로 악한 꾀에 빠져 하나님을 멀리하고 거역하는 큰 죄를 범했었다.

> 죽은 파리들이 향수에서 악취가 나게 하듯, 조그만 어리석음이 지혜와 영예를 더럽히고 만다. 지혜 자의 마음은 옳은 곳으로 향

하지만, 어리석은 자의 마음은 그릇된 곳으로 향한다. (쉬운성
경, 전 10:1-2)

죽은 파리가 향수에 악취가 나게 하듯, 솔로몬의 지적 교만은 그의 모든 영예와 지혜를 썩게 만들었다. 또 자신의 잘못으로 인해 하나님의 영광을 가리는 짓을 하고 말았음을 한탄하다. 그리고 자신이 본디 어리석은 자이기에 그릇된 곳으로 향했음을 고백한다. 자신이 한 때 지혜의 왕으로 유명했었던 것도 사실은 하나님이 지혜를 부어주셨기 때문이지, 자신은 본디 지혜가 없는 '어리석은 자'였음을 고백하는 것이다. 회개를 통해 겸손해진 솔로몬의 모습이 잘 드러난다.

마음으로도 왕을 저주하지 말고, 잠자리에서라도 부자를 저주하
지 마라. 왜냐하면 공중의 새가 네 말을 전하고, 날짐승이 네 말
을 전파할 것이기 때문이다. (쉬운성경, 전10:20)

그러나 마음속으로라도 솔로몬을 저주하지 말라고 당부한다. 이것은 솔로몬의 요청이라기보다는 하나님의 교훈이시다. 잠자리에서라도 부자(富者) 솔로몬을 저주하지 말라고 하신다. 하물며 공개적으로 솔로몬을 저주하는 것은 더욱 안 될 일이다. 그의 모든 죄악은 진정한 회개를 통해 용서함을 받았기 때문에 비판해선 안

되고, 오직 거울로 삼으려고 해야 한다. 솔로몬의 타락을 비웃거나 '그가 그런 죄를 지었으니 지옥에 갔겠구나.' 하며 그를 저주하는 것은 큰 죄가 된다. 세상을 두루 다니며 꼬투리 잡을 일을 찾고 있는 사단들이 그 말을 듣고 바로 하나님께 고자질하기 때문이다. 그러면 그 사람에게 징계가 내리지 않겠는가.

> 환한 세상이 좋으니, 태양을 바라보는 눈이 얼마나 행복한가? 사람이 오래 살 때, 매일의 삶을 즐겨라. 그렇지만 어두운 날들도 기억하여라. 이는 그런 날들도 많을 것이기 때문이다. 장래 일은 허무하다. 청년이여, 네 젊은 시절을 즐거워하여라. 네 젊은 날에 마음을 기쁘게 하여라. 네 마음이 원하는 것과 네 눈이 보는 것을 따라 즐겨라. 그렇지만, 이 모든 일들에 하나님의 심판이 있다는 것도 기억하여라. 그러므로 네 마음에서 불안을 없애고, 나쁜 일을 없애라. 너의 젊은 때는 빨리 지나가 버린다.
> (쉬운성경, 전11:7-10)

솔로몬은 청춘의 즐거움에 빠져 있을 청년들에게, '맘껏 즐기라'고 한다. 단, 심판이 있다는 것도 기억하라고 경고하면서 말이다. 마음에 불안함이 들거든 그 일을 중단하라는 처방도 일러준다. 마음에 불안함이 있으면서도 무시하고 될 대로 되라며 계속 쾌락의 길로 가는 것은 죽음을 향해가는 미친 짓이기 때문이다. 젊은 시절은 빨리 지나가기 때문에 의미 있게 보내야한다. 노년의 세월은 훨씬 길고 어둡게 느껴지기 때문에 그 날을 위한 준비가 필요함도 일러준다.

> 전도자가 이르되 헛되고 헛되도다 모든 것이 헛되도다(전12:8).

전도자는 다시 외친다. 이것은 이 책의 요지이며 결론이다. 모든 것은 헛되다. 욕심으로 구하는 것은 다 부질없는 것들이다. 그러므로 살아있을 동안 오직 하나님만 기억하라는 것이며, 더 늙기 전에 조금이라도 젊었을 때에 더욱 열심히 하나님을 찾으라는 것이다.

> 설교자는 지혜롭게 사람들에게 지식을 전달하였다. 또 그는 탐구하고, 연구하여, 많은 경구들을 만들었다. 설교자는 격려를 주는 말을 탐구하여 찾았다. 그래서 그가 기록한 교훈은 정직하며, 진실하다. 지혜자의 교훈은 채찍 같고, 그가 수집한 말씀은 잘 박힌 못과 같으니, 이는 모두 한 목자의 말씀이다. (쉬운성경, 전12:9-11)

이것은 솔로몬의 행적에 대한 매우 객관적인 평가이다. 그리고 그의 저서는 모두 하나님께서 주시는 지혜의 말씀을 기록한 것임을 밝힌다. 하나님께서 솔로몬을 이와 같이 귀하게 사용하신 것은 그가 온전한 회개를 통한 온전한 회복을 이루었기에 가능한 일이었다. 그러므로 솔로몬의 실수에 대해 거론하며 비난하거나 저주하는 것은 절대 금지해야 한다.

> 내 아들아, 이런 말씀에 더하여 다른 가르침을 주의하라. 책을 쓰는 일은 끝이 없고, 공부는 하면 할수록 사람을 피곤하게 만든다. 세상만사의 결론을 들었으니, 하나님을 경외하고, 그분의 명령을 지켜라. 이것이 사람이 해야 할 본분이다. 하나님은 선악간의 모든 행위와 남몰래 한 모든 일을 심판하실 것이다. (쉬운성경, 전12:12-14)

솔로몬의 자식을 향한 특별한 당부는 오직 하나님의 가르침에 순종하라는 것이다. 자신처럼 너무 많은 공부와 저술활동은 쉽지 않은 일임을 넌지시 알려주기도 한다. 하나님은 반드시 우리의 모든 행위에 대해 심판하시므로, 하나님을 경외하고 그분의 명령을 지키는 것이 가장 중요함을 결론적으로 피력한다.

객관적으로 볼 때, 솔로몬이 큰 죄악에 빠지고도 회개하여 돌아온 후 영성을 회복할 수 있었던 것은 역시 그의 탁월함이 한몫 한다. 하나님의 은혜에 부응하는 탁월한 회복력을 보여주었다. 온전한 회복은 오직 온전한 회개에 달려있다. 그가 얼마나 장구한 세월 동안 진심으로 회개하는 마음으로 근신하며 지냈는지는 기록이 남아있지 않다. 그러나 그가 남긴 이 지혜서를 통해 그 회개의 진정성을 충분히 짐작할 수 있다.

· · ·

욥의 고난과 솔로몬의 타락

솔로몬과 욥, 두 사람의 삶은 서로 대비되는 독특한 점이 있다. 솔로몬은 인생[인간]이 세상에서 누릴 수 있는 최고의 복을 받아 누렸고, 욥은 인생이 당할 수 있는 것 중에 최고의 환란을 당했다. 솔로몬은 최고의 지혜자였으나 최고의 타락자가 되었고, 욥은 당대 최고의 의인이었으나 최고의 저주를 받는 형국이 되었다. 결론적으로 솔로몬이 극적으로 회심하여 돌아오고, 욥이 극적으로 회복되어 갑절의 복을 받으면서 그들의 이야기는 똑같이 히피엔딩의 결말은 갖는다. 솔로몬처럼 너무 큰 복을 누리면 대개가 타락하고, 또 그렇게 타락하면 결코 돌아오기가 쉽지 않다는 점과 누구든지 욥이 당한 것처럼 극심한 환란을 당하면 하나님을 떠날 가능성이 매우 크다는 점을 감안하면, 그들은 모두 극적인 성공을 거둔 셈이다.

일반적으로 죄에 빠지는 상황을 보면, 어떤 쾌락 때문에 분별력을 잃고 그 세계에 빠지고, 갈수록 더 자극적이고 악한 것을 추구하면서 그의 영혼이 황폐하게 된다. 그런데 솔로몬이 쾌락에 빠지는 과정에는 뭔가 특이한 점이 있어 보인다. 솔로몬이 자신에게 "내가 너를 시험 삼아"(전2:1) 쾌락에 빠지게 해보겠다고 말하는 대목은, 하나님의 허락을 받은 사단이 욥을 큰 시험에 빠트리는 장면을 연상하게 한다. 말하자면, 욥의 경우처럼 솔로몬도 어떤 시범케이스가 된 것 아닐까하는 상상을 불러일으키는 대목이다. 아무튼, 타락 이후 솔로몬에게서는 쾌락에 탐닉하는 모습보다는 물밀 듯 밀려오는 허탈감과 허무감으로 고통스러워하는 모습들이 압도적으로 많이 나타났다.

· · ·

솔로몬 왕과 다윗 왕

이제 우리는 다윗을 하나님의 가장 큰 사랑과 신임을 받은 위대한 왕으로, 그리고 솔로몬을 가장 지혜로운 왕으로 인정하는데 조금도 주저함이 없어야 한다. 그런 사람만이 두 왕이 남긴 지혜서와 성문서들, 그리고 그들을 칭찬하는 성경의 많은 본문에서 진정한 은혜를 받을 수 있을 것이다. 성경에 언급한 그들에 대한 찬사는 곧 하나님의 그들에 대한 평가이며 칭찬이다. 이와 같은 하나님의 평가를 전적으로 수용한다면 그들에 대한 긍정적인 선입견이 우리 마음을 지배하게 될 것이다.

08

두 선지자의 만남
(왕상13장)

그가 여호와의 말씀으로 벧엘에 있는 제단을 향하고 또 사마리아 성읍들에 있는 모든 산당을 향하여 외쳐 말한 것이 반드시 이룰 것임이니라
_왕상13:32

이스라엘이 남북으로 나뉘게 된 것은 솔로몬왕과 관련이 깊다. 솔로몬이 말년에 하나님과 멀어졌을 때 하나님이 나타나서 말씀하셔도 듣지 아니하자, "나라를 빼앗아서 신하에게 주리라"고 말씀하시고, 또 "네 아버지 다윗을 위하여 네 세대에는 이 일을 행하지 아니하고 네 아들의 손에서 빼앗으려니와 오직 내가 이 나라를 다 빼앗지 아니하고 내 종 다윗과 내가 택한 예루살렘을 위하여 한 지파를 네 아들에게 주리라."(왕상11:11-13) 하셨다.

　솔로몬 때문에 내린 벌인데 그는 이미 세상을 떠났으므로 당사자에게는 전혀 고통을 주지 않는 벌이 된 셈이다. 마치 아브라함의 횃불 사건과 비슷하다. 하나님께서 아브라함 때문에 진노하셔서 400여 년의 애굽 종살이를 예고하셨지만, 그 일은 아브라함이 죽은 후에야 생길 일이므로 그는 편안히 살다가 조상에게로 갔다. 그래서 이스라엘 백성의 300년 애굽 종살이는 아브라함의 죄로 인한 것이라기보다는, 아브라함을 통해 여전한 인간들의 완악함을 보시고는 그와 같은 훈련을 계획하신 것이라고 이 책의 '아브라함과 횃불'에서 언급했었는데, 솔로몬의 경우도 비슷해 보인다.

　솔로몬처럼 지혜롭고 겸손한 인물도 왕의 자리에서 부귀영화를 누리다가 하나님과 멀어지는 것을 보면서, 다른 자에게 이런 영광을 누리게 했다가는 더 큰 문제를 일으키고 나라 전체를 도탄에 빠질 것이 자명한 일이기에 그것을 염려하시고 나라를 둘로 나눈 것은 아닐까. 이스라엘 분단의 이유 중에는 그런 것도 있을 것이다. 그래서 하나님께서 사랑하시는 다윗의 집안은 예루살렘 성과 성전을 지키는 일에만 주력하도록 일부 지역만 떼어 주신 것은 아닌지.

이스라엘이 남북으로 나뉘면서 국가의 규모가 훨씬 작아졌는데도 왕으로서의 영광을 감당하기에 벅찼던지 북 왕국 이스라엘의 왕들은 하나같이 분별력을 잃고 모두 악의 길로 간다. 하긴 고대의 왕들은 백성들 앞에서 신(神)처럼 군림할 수 있는 존재였으니 하나님의 다스림을 받고 싶지 않았을 것이다. 그들은 너무 거룩하시고 부담스런 하나님을 일찌감치 버리고 스스로 신적 존재가 되어 막강한 권력을 휘두르며 살았다. 그들에 비하면 다윗은 큰 영화를 누리면서도 하나님 앞에서 늘 겸손한 왕이었다. 한때 타락의 길로 갔었으나 그 죄의 대가를 철저히 치르는 과정에서 끝까지 회개하는 모습으로 깊은 인상을 남기면서. 그래서 하나님은 다윗을 모범으로 여기시고 대부분의 왕들이 '다윗과 같지' 않음에 대해 안타까워하셨다.

이스라엘 10 지파를 거느리고 북이스라엘의 초대 왕이 된 여로보암은 악한 왕의 대명사가 된 인물이다. 그는 왕위에 오르자마자 그 어리석음과 교만을 한껏 드러낸다. 백성들이 제사하러 예루살렘에 가는 것을 막기 위해 북쪽 지역에 제단을 만들고 금송아지 형상을 두어 그 앞에서 제사 지내게 하고, 레위인 아닌 사람을 제사장으로 세우고, 절기의 날짜도 임의로 변경시킨 것이다(왕상 12:28-32). 하나님이 명령하신 제사와 제사장의 규례, 그리고 절기 규례를 모두 어긴 이것을 어찌 제사라고 할 수 있는가. 그 형식이나 내용 면에서 우상을 섬기는 제사와 다를 바 없게 되었다. 세속적 왕권유지를 위해 백성들을 영적 타락의 길로 몰아넣다니. 사태는 매우 급하게 되었다. 그래서 하나님께서는 유다에 있는 한 선지자를 급히 벧엘로 보낸다(왕상13:1). 여로보암이 자신이 정한 날에 벧엘 산당에서 제사를 드리고 있을 때에 그 선지자가 도착했다. 그는 산당에 들어서자 제단을 향해 외치기 시작한다. "제단아, 제단아! 다윗의 집안에 요시야라는 아들이 태어날 것이다. 그는 네 위에서 제사를 드리고 있는 산당의 제사장들을 네 위에 제물로 바칠 것이며 인간의 뼈를 네 위에서 태울 것이다."(왕상 13:2-3) 그리고 그 증거로 제단이 갈라지고, 그 위의 재가 땅에 쏟아질 것이라고 했다.

이 선지자는 놀랍게도 300여 년 후 요시야 왕 때의 일을 정확하게 예언하고 있다. 그리고 특이한 것은, 거기 있는 사람에게 하지 않고 제단을 향해 말한 점이다. 하나님께서 여로보암 왕의 어리석음과 악행에 대해 통분히 여기시고 차라리 제단을 향해 외치라고 하셨나 보다. 여로보암이 선지자를 향해 손을 뻗어 욕을 하자 그의 손이 마비되어 버리고, 그때 선지자의 예언대로 제단이 갈라지고 그 위의 재가 땅에 쏟아지는 일이 벌어진다. 선지자의 기도를 통해 자신의 마비된 손이 펴지자 여로보암은 선지자를 자신의 왕궁에 모셔서 대접하고 싶어 한다. 이때 선지자는, "왕께서 왕의 집 절반을 내게 준다 할지라도 나는 왕과 함께 들어가지도 아니하고 이곳에서는 떡도 먹지 아니하고 물도 마시지 아니하리니 이는 곧 여호와의 말씀이 내게 명령하여 이르시기를 떡도 먹지 말며 물도 마시지 말고 왔던 길로 되돌아가지 말라 하셨음이니이다." 라며 거절한다(왕상 13:4-9).

이때 벧엘에 사는 늙은 선지자가 이 소식을 자세히 듣게 된다. 그의 아들들이 마침 벧엘 산당에 갔다가 그 선지자가 행한 일을 목격하고 그의 말도 직접 들을 수 있었기 때문이다. (벧엘 선지자를 '늙은 선지자'로 언급하고 있으므로 편의상 유대의 선지자를 젊은 선지자로 지칭하도록 한다). 그는 아들의 얘기를 듣자마자 갑자기 젊은 선지자를 만나기 위해 길을 나서는데, 유다로 돌아가는 그를 길에서 찾아내는 것은 어렵지 않았다. 그가 자신의 귀향 경로에 대해서도 이미 발설했기 때문이다. 늙은 선지자가 상수리나무 아래 앉아있는 그에게 다가가, "나와 함께 집으로 가서 음식을 같이 드십시다." 라고 말하자(왕상 13:11-15) 그는 또 앵무새처럼 반복하여 말하기 시작한다.

"나는 그대와 함께 돌아가지도 못하겠고 그대와 함께 들어가지도 못하겠으며 내가 이곳에서 그대와 함께 떡도 먹지 아니하고 물도 마시지 아니하리니 이는 여호와의 말씀이 내게 이르시기를

> 네가 거기서 떡도 먹지 말고 물도 마시지 말며 또 네가 오던 길
> 로 되돌아가지도 말라 하셨음이로다." (왕상 13:16-17)

성경본문에서 벧엘 선지자를 '늙은 선지자'라고 지칭하는 것을 보면, 유다에서 온 이 선지자는 그보다는 젊은 사람이라는 뜻일 것이다. 젊은이다운 패기는 있는 것 같으나 지혜롭지 못한 면모를 보이고 있다. 하나님께서 자신에게 명한 바를 낱낱이 발설하는 태도가 그렇고, 특히 두 번째의 경우처럼 상대방이 누구인지 전혀 모르는 상태에서 중요한 것을 말하는 것은 더 심각한 일이다. 늙은 선지자가, "나도 그대와 같은 예언자요"라고 하면서 "주님의 천사가 나에게 와서 그대를 내 집으로 데려가 먹을 것과 마실 것을 대접하라고 하셨소." 하자 그는 한 치의 망설임 없이 늙은 선지자를 따라가고 그의 집에서 먹고 마신다(왕상13:18-19). 그가 2번씩이나 반복해서 하나님의 명령을 말한 것은 그것을 잘 지키려는 다짐보다는, 자신이 선지자로서 쓰임 받는 것에 대해 자랑하는 마음이 더 강했던 것임을 보여주는 대목이다. 그런데 그들이 함께 식탁에 앉아있을 때에 갑자기 하나님의 말씀이 늙은 선지자에게 임했다. 늙은 선지자는 젊은 선지자에게 말한다.

> 여호와께서 당신에게 이렇게 말씀하셨소. '너는 여호와의 말씀
> 을 듣지 않았다. 너는 너의 하나님 여호와께서 명령하신 것을 따

르지 않았다. 여호와께서 너에게 이곳에서는 아무것도 먹지 말고 마시지도 말라고 하셨는데, 너는 길을 돌이켜 먹기도 하고 마시기도 했다. 그러므로 너의 시체는 너의 가족 무덤에 묻히지 못할 것이다.' (왕상13:20-22).

여기서, 늙은 선지자의 정체가 무엇인지 궁금해진다. 무엇이든 먹으면 안 된다는 젊은 선지자에게 굳이 음식을 먹이려고 집으로 데려온 것이 이상해 보이긴 하지만, 이렇게 정확하게 하나님의 메시지를 전하는 사람이라면 그는 당연히 참 선지자로 보아야 한다. 그렇다면, 젊은 선지자에게 음식을 먹이려고 데려온 이유는 무엇일까? 그것 역시 하나님의 명령일 것이다. 젊은 선지자를 찾아가서 그가 음식을 먹도록 '강권하라'는 지시가 있었기에, 늙은 선지자는 그렇게 할 수밖에 없었고 그 일을 충실하게 해냈다. 마찬가지로 젊은 선지자에게는 '먹지 말라'는 것이 하나님의 명령이므로, 그는 목숨 걸고 그것을 지켰어야 했다. 늙은 선지자가 아무리 권해도 단호하고도 정중하게 사양해야만 했다. 그것은 바로 젊은 선지자가 통과해야 할 테스트 혹은 훈련과정이었는데 그의 미숙함 탓인지 그만 걸려 넘어지고 말았다.

하나님의 명령 중에 지키기 쉬운 것이 어디 있겠느냐마는, 이와 같이 구체적인 명령의 경우는 더욱 쉽지 않다. 집요하게 방해하는 사람들이 사방에서 나타나기 때문이다. 대개는 악한 영(靈)들이 주변 사람을 통해 방해하는 경우가 많은데, 이와 같이 선지자를 내세워 유인하는 경우는 매우 이례적이며 통과하기 힘든 면이 다분히 있다.

그런 어려움을 감안하셨는지, 하나님께서는 늙은 선지자를 통해 젊은 선지자에게 자신의 의중을 분명히 밝혀주신 것이다. '너는 먹지 말라는 것을 먹었으니 이제 죽을 거다.'라고. 그야말로 '네가 함정에 빠진 거다.'라고 대놓고 알려주시는 것인데, 이쯤 되면 그는 이제라도 얼른 그 자리를 박차고 일어났어야 한다. 이미 먹은 것에 대해서 회개하고 용서를 구했어야 한다. 그런데 어이없게도 그는 하나님의 말씀이 끝나자마자 게걸스럽게 음식을 먹어댔다. 배고플 때 음식을 보면 더 허기지고 정신이 없어서 분별력을 잃어버리기가 쉽긴 하다. 그래도 모름지기 선지자라면 그 정도는 극복하고 분별력 있는 모습을 보였어야 하는데 그렇게 하지 못한 것은 바로 그의 미숙함의 결정적 증거이다. 즉, 그는 선지자로서 더 이상 쓰임 받을 만한 큰 그릇이 되지 못함을 보여주면서 하나님의 테스트에 불합격한 것이다.

선지자로서의 테스트는 엄격하다. 탈락하자마자 엄벌이 임하여 그는 돌아가는 길에 사자에게 물려 죽는다. 늙은 선지자는 그의 시체를 정성껏 모셔다가 자기 집안 무덤에 묻고 "오, 내 형제여!" 하면서 하나님의 사람이 죽은 것을 슬퍼했다. 그리고 그의 아들들에게, "내가 죽거든 하나님의 사람이 묻혀 있는 이 무덤에 나를 묻어라. 내 뼈를 그의 뼈 옆에 두어라."라고 말한다. 젊은 선지자는 자신의 잘못으로 그렇게 세상을 떠났다.

그렇다면 늙은 선지자는 이 일에 아무런 책임이 없을까? 물론 그에게도 있다. 그가 젊은이를 데려온 것은 하나님의 지시에 의한 것이라 할지라도, 식탁에서 하나님의 말씀이 임한 이후로는 그가 음식 먹는 것을 방관하지 말았어야 했다. 젊은이는 미숙해서 그럴지라도 그는 연륜이 쌓인 연장자로서 그를 슬기롭게 이끌어주었어야 했다. 너무 허기져서 정신이 없는 그를 일으켜서 지금이라도 늦지 않았으니 어서 일어나서 여기를 떠나라고, 하나님의 진노가 풀리시도록 간구하라고 해야 했다. 그러나 어이없게도 둘이서 같이 음식을 먹어댔으니. 젊은 선지자의 죽음 앞에서 그도 통회의 눈물을 흘린다. 이 사건을 통해 그도 자신의 부족함을 확인하면서 젊은이에게 동병상련의 정을 느낀다. 사명도 크고 규율도 엄한 선지자의 운명을 다시 확인하며.

이 사건을 통해 유다에서 온 선지자는 젊은 나이에 그의 생을 마감했고, 하나님께서는 영적으로 타락해가는 이스라엘의 회복을 위해서 일할 선지자 하나를 잃었다. 늙은 선지자도 그 이름을 밝히지 않는 것을 보면, 여기서만 등장하고 이후로 별다른 활동이 없었나 보다. 13장의 마지막 부분은 다음과 같이 끝을 맺는다.

여로보암이 이 일 후에도 그의 악한 길에서 떠나 돌이키지 아니

하고 다시 일반 백성을 산당의 제사장으로 삼되 누구든지 자원하면 그 사람을 산당의 제사장으로 삼았으므로 이 일이 여로보암 집에 죄가 되어 그 집이 땅 위에서 끊어져 멸망하게 되니라 (왕상 13:33-34).

여로보암은 젊은 선지자가 선포하자마자 제단이 갈라지고 그 위의 재가 쏟아진 것과 자신의 손이 마비되었다가 풀리는 이적을 체험했어도 그 일을 통해 하나님을 알지 못했다. 스스로 깨닫기에는 한없이 부족한 상태고, 그를 깨우쳐 줄 영적 지도자도 없기에 그는 여전히 악한 길에서 돌이키지 않았다. '이 일 후에도'.

여로보암 때부터 이스라엘은 악의 길로 갔고, 그 후에 나타난 오므리 왕조에서는 그 악행이 더 심각해진다. 오므리 왕조의 아합 왕은 이방 여인인 이세벨을 왕후로 맞아들여 자신은 물론 이스라엘 백성들 모두 우상숭배의 죄악에 빠지게 했다. 온 나라가 도탄에 빠지는 위기의 순간에 하나님께서는 그들을 구원하시기 위한 큰 계획을 세우신다. 3년에 걸쳐 진행되는 대형 프로젝트. 다음 장의 "엘리야와 로뎀나무"는 바로 이에 대한 이야기이다.

09

엘리야와 로뎀나무

크고 강한 바람이 산을 가르고 바위를 부수나 바람 가운데에 여호와께서 계시지 아니하며 바람 후에 지진이 있으나 지진 가운데에도 여호와께서 계시지 아니하며, 또 지진 후에 불이 있으나 불 가운데에도 여호와께서 계시지 아니하더니 _왕상 19:11-12

엘리야 선지자의 첫 번째 사역은 북이스라엘의 아합왕에게 이스라엘에 닥칠 가뭄 재앙에 대해 선포하는 것이었다. 그는 아합왕을 만나자 마자 이렇게 말했다.

"내가 섬기는 이스라엘의 하나님 여호와께서 살아 계심을 두고 맹세하노니 내 말이 없으면 수년 동안 비(雨)도 이슬도 있지 아니하리라." (왕상 17:1)

이것은 물론 엘리야가 임의로 하는 말이 아니라, 하나님의 말씀을 그대로 전달한 것이다. 엘리야가 비를 내려달라고 하기 전에는 수년간 비 한 방울 내리지 않을 것이라는 예언의 말씀. 그리고 하나님께서는 서둘러 그를 요단 동편 그릿 시냇가로 피신시키신다. 먹을 것이라고는 시냇물밖에 없는 그곳은 인가(人家)에서 멀리 떨어져 숨어 지내기에 적당한 곳이리라. 그런데 하나님께서는 왜 그렇게 서둘러 피신시키셨는가? 그것은 물론 엘리야의 생명이 위협을 받기 때문이다. 하나님께서 가뭄 재앙을 주시려는 이유는 북이스라엘의 우상 숭배 때문이다. 그러므로 아합이 백성들을 우상 숭배의 길로 인도한 죄를 뉘우치고 하나님을 섬기기로 하면 가뭄 재앙은 결코 닥치지 않는 것이다. 그러나 하나님께서는 그의 완악함을 아셨고, 이세벨이 분노하여 위협을 가할 것을 아셨기에 일찌감치 엘리야를 피신시킨 것이다. 가뭄이 심해져 시냇물도 말라 버리자 이번에는 더 멀리 시돈으로 가서 기거하게 하신다.

갈멜산의 기적

가뭄이든지 3년째 되던 해, 하나님께서는 드디어 비를 내리시겠다며 엘리야를 아합에게 보낸다. 3년간의 가뭄을 겪으면서 이스라엘 백성들과 아합왕이 겪은 고통은 얼마나 극심했을까? 그리고 그 세월은 엘리야가 참으로 하나님을 섬기는 참 선지자라는 것을 깨닫기에 충분한 시간이 아니었을까? 그러나 아합은 3년 만에 엘리야를 만나면서 반가워하기는커녕, "바로 네가 이스라엘을 괴롭히는 자냐?"라며 분노가 섞인 말로 비아냥거리고 있다. 아합의 분노는 무엇인가? 이것은 분명히 엘리야를 향해 '너 때문에 가뭄이 들었고 그래서 고생했다'는 취지의 분노인데. 그렇다면 아합은 엘리야가 말하는 대로 이뤄지는 사태를 보면서, 그저 엘리야가 괘씸하다는 생각만 들었고 그가 하나님의 참 선지자라는 것은 알아채지는 못했다는 것이다. 3년간 비가 못 오게 하는 능력이 있는 사람이면 당연히 하나님의 선지자이거늘, 아합은 그것이 사람의 능력으로 가능하다고 믿는 것인지. 그래서 그런 능력이 있는 엘리야를 협박해서라도 비가 오게 하려고 그를 찾아다녔다는 것인지.

아합을 만나기 직전에 만났던 아합의 신하 오바댜는 엘리야에게

"당신의 하나님 여호와의 살아 계심을 두고 맹세하지만 (아합)왕은 당신을 찾으려고 사람들을 보내어 모든 나라 안을 샅샅이 뒤졌습니다."(왕상 18:10) 라고 말했었다. 그가 엘리야를 애타게 찾은 이유는 어찌하든지 엘리야를 통해 비가 오도록 하겠다는 일념뿐이었지, 재앙에 담겨있는 의미나 하나님에 대해선 도무지 모르는 것이다. 그래서 그는 엘리야가 "모든 이스라엘 백성에게 나를 만나러 갈멜 산으로 오라고 이르시오. 이세벨에게서 얻어먹고 사는 바알의 예언자 사백오십 명과 아세라의 예언자 사백 명도 데려오시오." 라고 제안하자 이에 적극 협조하며 '모든 이스라엘 백성과 그 예언자들을 갈멜 산으로' 불러 모아준다. (왕상 18:19-20)

엘리야는 드디어 이스라엘 백성들이 모두 모여 있는 갈멜산에 오른다. 거기서 그는 하나님의 기적을 통해 백성들에게 참 하나님을 섬기도록 교훈하고 비도 내리게 하려는 것이다. 3년 전 엘리야가 아합에게 예언할 때에, "아합이여, 당신의 우상숭배 죄를 회개하지 않으면 이 땅에 수년간 비가 오지 않을 것"이라고 하지 않고, "내가 말할 때까지 수년간 비가 오지 않을 것"이라고 말한 이유가 이제 확실해진다. 하나님께서는 3년 가뭄을 겪어도 아합이 전혀 달라지지 않을 것을 아셨다. 그래서 그의 회개를 통해 이스라엘을 돌아오게 하는 것이 불가능하므로, 하나님께서 직접 백성들에게 자신을 드러내셔서 그들이 깨닫고 돌아오도록 하는 방법을 사용하려는 것이다. 그래서 백성들이 하나님께 돌아오기로 약속을 하면, 엘리야는 기도를 통해 비를 내려달라고 말하면 되는 것이다. 그래야만 비를 내려주신다는 것인데······.

하나님께서는 아합을 따라 죄악에 빠진 이스라엘 백성을 불쌍히 여기시고 그들이 다시 돌아올 수 있도록 확실한 증거를 보여주셨다. 바알 예언자들이 온종일 미친 듯이 날뛰었어도 바알신으로부터 아무런 응답이 없었던 것에 비해, 하나님께서는 엘리야의 기도에 즉시로 응답해주셨다. 여호와의 불이 하늘에서 떨어져 제물과 장작과 제단 둘레의 돌과 흙을 태워버리자, 모든 백성이 그 모습을 보고 땅에 엎드려 "여호와 그는 하나님이시다! 여호와 그는 하나님이시다!" 하며 외쳤다(18:38-39). 그들은 그동안 바알과 여호와 두 사이에서 머뭇거리며 여호와와 바알을 함께 섬기고 있었으나(18:21), 이제 여호와가 참 하나님이심을 알았기에 여호와를 따르기로 작정한 것이다.

백성들이 여호와 하나님을 섬기기로 하면서 모든 것은 일사천리로 진행된다. 바알 예언자들을 모두 처단하였고, 엘리야의 기도를 통해 가뭄도 해결하였다. 손바닥만 한 비구름이 떠오르더니 순식간에 검은 구름이 몰려오고 큰비가 쏟아진 것이다. 하나님께서 긍휼히 여기심으로 인해 이스라엘 백성들은 가뭄의 재앙에서 벗어나고, 또 여호와가 참 하나님이심도 알게 되었다. 이제 여호와 하나님을 잘 섬기기만 하면 되는 것이다. 그동안 그들이 어리석은 왕 아합의 통치를 받으면서 겪어야 했던 고난이 얼마나 컸겠는가. 그러나 이제라도 그들이 참 하나님을 알게 된 것은 참으로 다행스러운 일이다. 더군다나 아합도 갈멜산의 기적을 함께 목도하였으니 거칠 것이 없고, 그야말로 심기일전해서 다시 일어설 수 있는 천재일우의 기회를 맞이한 것이다.

그리고 동시에 이 일은 바알신으로 지칭되는 악한 영들에게는 최악의 위기 사태였으니. 그들은 혼신의 힘을 다하여 발악한다. 바로 이세벨 왕후를 통해서. 바알 선지자들의 죽음을 전해들은 이세벨은 엘리야에게 사람을 보내어, "내일 이맘때에는 반드시 네 생명을 저 사람들 중 한 사람의 생명과 같게 하리라. 그렇게 하지 아니하면 신들이 내게 벌 위에 벌을 내림이 마땅하니라."고 말한다(왕상 19:2). 이세벨다운 참으로 서슬 퍼런 표현에 깜짝 놀라 엘리야가 도망을 치는데, 그가 느끼는 두려움은 우리의 상상을 초월할 것이다. 북이스라엘을 지배하고 있던 악한 영들이 모두 달려들어서 엘리야에게 두려움을 주기 때문이다.

엘리야는 줄행랑을 쳐서 유다의 남쪽 끝인 브엘세바에 이르렀다. 거기서 그는 혼자 하염없이 광야를 걷다가 로뎀나무 밑에 앉아서 차라리 죽여 달라고 기도하다가 잠이 들어버린다. 도망하느라 기진하여 쓰러진 것이다. 그런데 이때에 한 천사가 나타나서 기절한 엘리야를 깨우며 먹을 것을 준다. 구운 과자 하나와 물 한

병. 엘리야는 머리맡에 놓인 그것을 먹고 힘을 얻어 이번에는 제대로 잠을 잔다. 숙면으로 피로가 풀릴 즈음, 천사가 다시 나타나서 그를 깨우며 '먹고 힘을 내어 갈 길을 가도록 하라'고 말한다. 그러자 엘리야는 천사의 말대로 음식을 먹고는 힘을 내어 사십 주야를 걸어서 하나님의 산 호렙산에 이른다. 천사가 전해준 위로와 음식이 얼마나 큰 힘이 되었던지 엘리야는 자그마치 40일 동안 밤낮으로 걷는 강행군을 해낸 것이다.

그렇게 호렙산에 도착했더니 거기 하나님이 기다리고 계셨다. 하나님께서는 그를 보자마자, "엘리야야, 네가 어찌하여 여기 있느냐?"라고 말씀하신다. 하나님의 이 말씀은 반가움의 표현인가, 혹은 책망의 표현인가? 이것은 19장 전체에 대한 이해에 중요한 실마리가 된다. 만일 반가움의 표현이라면, 마치 하나님께서는 엘리야가 어디 있는지 몰라서 찾아 헤매다가 여기서 만나게 되자 반가워한다는 뜻이 된다. 하나님이 엘리야 있는 곳을 모른다는 가정은 매우 어설프다. 중요한 시기에 천사까지 보내어 그를 살피게 한 것을 보면 오히려 그의 행보를 낱낱이 보고 계신 셈이다. 다 아시면서 이런 말씀을 하신 것이므로 이것은 책망의 의미가 다분한 것이다.

아담의 경우도 그렇다. 아담이 죄를 범한 이후에 하나님은 "아담아, 네가 어디 있느냐?"고 물으신다. 어디 있는지 몰라서 물으신 것이 아니지 않은가? 당사자에게 어떤 심각한 문제가 있을 때 그의 말을 들어보기 위해 하나님께서 먼저 건네시는 말씀이다. 그때 아담은 솔직히 자신의 죄를 인정하고, "제가 죄를 지었으므로 부끄러워서 숨었나이다."라고만 말했어도, 그의 죄는 상당 부분 용서받을 수 있었을 것이다. 하나님이 진노하셔서 말씀하실 때, 신속한 회개 이외에 어떤 할 말이 있겠느냐마는 아담은 변명만 늘어놓다가 하나님을 더 진노하게 했다. 사울왕의 경우도 그러했으며, 다윗의 경우는 그들과 달리 신속한 회개의 모범을 보인 케이스이다. 엘리야의 경우는 어떠한가. 그도 아담과 매우 닮아있다. 그는 자기의 수고와 고역에 대해 낱낱이 아뢰며 자신이 여기까지 온 이유는 악한 백성들 때문이라고 원망하는 말을 늘어놓는다.

> "만군의 하나님 여호와여, 저는 언제나 제 힘을 다해 주님을 섬 겼습니다. 그러나 이스라엘 백성은 주님과 맺은 언약을 어겼습 니다. 그들은 주님의 제단을 부수고 주님의 예언자들을 칼로 죽 였습니다. 살아남은 예언자는 저밖에 없습니다. 그런데 지금 그 들은 저까지 죽이려 합니다." (쉬운성경, 왕상 19:10)

엘리야 선지자는 그동안 겪은 고생담을 늘어놓기에 바쁘다. 지금이라도 잘못을 시인하고 용서를 구했다면 하나님께서는 그에게 다시 기회를 주셨을 것이다. 이세벨로부터 백성들을 구할 길을 열어 주셨을 지도 모른다. 아무튼, 신속하게 회개하면 어떤 식으로든 선처를 베풀어주실 것이 분명하건만 엘리야는 그 기회를 완전히 놓치고 말았다. 이세벨에 대한 두려움이 너무도 컸기 때문이다. 아, 선지자에게도 그렇게 무서운 이세벨이라면 백성들에게는 어떠하겠는가. 그들을 구원하시기 위해 3년간 정성을 들인 하나님으로서는 참으로 억장이 무너지는 순간이다.

하나님께서는 엘리야의 변명을 듣자마자 그에게 산 위로 올라가라고 하신다. 이제 하나님께서 엘리야 앞으로 지나가겠다고 하시면서. 매우 센 바람이 불어왔는데, 엘리야가 보기에 그 속에 하나님이 계시지 않았고, 그 후 지진이 일어났는데 그 지진 속에도 여호와께서는 계시지 않았고, 불이 났지만 그 불 속에도 여호와께서는 계시지 않았다. 그리고 그 후에 조용하고 부드러운 목소리가 들렸다. 하나님의 음성이었다. 엘리야는 하나님의 음성이 들리자 부끄러움을 느꼈는지 갑자기 얼굴을 가리고 동굴 입구로 간다. 이때 하나님께서는 다시 "엘리야야! 어찌하여 여기에 있느냐?"라고 물으셨고, 엘리야는 다시 이전과 동일한 말로 변명을 늘어놓는다. "만군의 하나님 여호와여, 저는 언제나 제힘을 다해 주님을 섬겼습니다. 그러나 이스라엘 백성은 주님과 맺은 언약을 어겼습니다. 그들은 주님의 제단을 부수고 주님의 예언자들을 칼로 죽였습니다. 살아남은 예언자는 저밖에 없습니다. 그런데 지금 그들은 저까지 죽이려 합니다."라고. (왕상 19:14)

그런데 하나님께서는 왜 동일한 질문을 다시 하신 것일까? 엘리야가 얼굴을 가리고 부끄러워하니까, 혹시 잘못을 뉘우치기나 한 것일까 하는 기대감으로 같은 질문을 또 던지신 것이다. 그러나 엘리야는 여전한 변명으로 한 번 더 하나님을 실망시키고 말았다. 그러자 하나님께서는 신속하게 다음 미션을 주신다. '하사엘에게 기름을 부어 장차 아람의 왕으로, 예후에게 기름을 부어 장차 이스라엘의 왕으로, 그리고 엘리사에게 기름을 부어 후계자'로 삼으라고 하신다. 엘리야 이후를 서둘러 준비하시는 것이다. 그리고 하사엘의 칼을 피해서 도망치는 사람은 예후가 죽일 것이요, 예후의 칼을 피해서 도망치는 사람은 엘리사가 죽일 것이라고 말씀하신다. 점점 더 우상숭배의 길로 빠져들 이스라엘의 왕과 백성들을 심판하기 위한 준비이다.

북이스라엘에서 갈멜산의 기적과 같이 감동적인 일은 더 이상 일어나지 않을 것이다. 그 기적을 통해 이루려던 하나님의 꿈이 원대했던 만큼이나, 그 실패로 인한 낭패감도 지대했기 때문이다. 그들에게 갈멜산의 기적은 추억 속의 한 이야기로만 남게 될 것이다. 하나님께서 한때 어느 선지자를 통해 그런 스펙터클한 역사를 일으킨 적도 있었다는. 북이스라엘의 왕과 백성들은 점점 더 우상숭배의 길을 향해 치닫고 그들을 다스리기 위한 칼과 채찍들이 준비되고 있었다.

엘리야의 로뎀나무

　로뎀나무는 흔히 안식의 장소로 이해된다. 사역에 지친 엘리야가 편히 쉴 곳이고, 게다가 천사까지 찾아와서 먹을 것을 주며 위로해준 장소였으므로. 아무튼, 엘리야가 도망가다가 지쳐서 쉰 장소이긴 하다. 그런데 그곳에 찾아온 천사의 행동에 대해선 어떻게 이해해야 할까. 천사가 온 것을 보면 엘리야의 일로 하늘에서는 여호와의 회의가 열렸음은 분명한데 거기서 무슨 논의가 오갔던 것일까? 중요한 사역을 중단하고 도망치는 엘리야 때문에 진노하신 하나님께서 "엘리야가 도망치다가 지쳐 쓰러졌구나. 누가 가서 저를 일으켜 주겠는가?"라고 하신 것일까? 그래서 기진하여 쓰러진 그가 힘을 얻으면 과연 어디까지 도망가는지 보고 싶다고 하셨을까? 로뎀나무에 찾아온 천사는 잠자는 엘리야를 깨우며 일어나서 먹으라고 한다. 먹고 힘을 내서 가려던 길을 마저 가라고.

　하나님께서는 화가 나서 그렇게 말했을지라도 내심 기대하는 바가 있었으리라. 너무 놀라서 정신없이 도망가기 급급했고 기력마저 소진하여 혼절해버린 그가 음식을 먹고 기운을 차리면, "내가 여기 왜 와있는가?" 하며 다시 이스라엘로 돌아갈지도 모른다는 기대감 말이다. 즉, 쓰러져 있는 엘리야에게 음식을 먹인 것은 그가 다시 이스라엘로 돌아갈 기회를 제공해준 셈이다. 그러나 그는 더 멀리 호렙산으로 도망가 버렸다. 그리고 호렙산에서 하나님은 "엘리야야, 네가 어찌하여 여기에 있느냐?"하는 질문을 2번이나 하시며 엘리야가 선처 받을 수 있는 기회를 주셨다. 총 3번의 기회가 부여된 것인데 그는 멀리 도망가기에 바빴고 끝내 변명하기에 급급했다.

엘리야가 성공했다면야 로뎀나무는 누구나 찾고 싶은 안식의 장소로 불리는데 전혀 손색이 없을 것이다. 그러나 일의 결국이 실패였으니 단순히 안식의 장소라고 할 수도 없고, '사역하다가 지쳐서 잘못 가고 있을 때 힘을 공급해주어 정신을 차리도록 해주는 곳'이라고나 할까. 사역하다가 지쳐 넘어졌을 때, 다시 힘을 내어 자신의 사역을 돌아보고 사역의 방향을 잘 잡아가도록 돕는 곳이다.

부득불 한 더 가지 추가하자면, 엘리야의 로뎀나무는 '우리가 잘못된 길로 가고 있을 때, 그 길로 잘 가도록 돕는 손길'이라고 할 수도 있겠다. 하나님께서는 우리가 잘못된 길로 가면 대개 어려움을 주셔서 그 길을 막으신다. 그런데 매우 드문 경우이긴 하나, 오히려 그 길로 맘껏 가도록 밀어주기도 하신다. 이것은 상대가 매우 사랑하는 사람일 경우이다. 믿고 기대하는 바가 컸기 때문에 그의 배반이 너무 충격적이어서 "그래 잘 가라."고 밀어내며 섭섭함을 표현하시는 것이다. 그러나 하나님의 속마음은 '제발 정신 차리고 돌아오라.'는 의미이건만, 엘리야는 워낙 경황이 없다 보니 하나님의 그 마음을 헤아려 드리지 못하고 말았다.

앵무새처럼 2번 동일하게 반복된 엘리야의 변명은 그가 얼마나 두려움에 떨었는지를 짐작하게 한다. 물론 두려운 일이다. 악한 왕 아합과 잔인한 이세벨을 상대로 싸우는 것이 얼마나 어려운 일인지 충분히 이해한다. 그러나 하나님의 실망감이 얼마나 컸을지도 짐작할 수 있을 것 같다. 하나님께서 도우시면 이길 수 있으니 끝까지 싸워주기를 기대하셨건만, 시작하자마자 기권하다니.

엘리야는 혼자서만 고생하고 위기를 겪는 것처럼 말했는데, 이에 대해 하나님께서는 "내가 이스라엘에 칠천 명을 남겨 두었는데, 그들은 한 번도 바알에게 절한 적이 없고 바알의 우상에게 입을 맞춘 적이 없는 사람들이다."(왕상 19:18)라고 대답하신다. 혼자서만 고난을 받는 것처럼 여기지 말라고. 그런 사람이 얼마든지 남아 있을 수 있고, 또 그 일은 오직 하나님의 도우심으로만 가능한 것처럼 '네가 살아남아 있는 것도 하나님의 도우심이지 너의 수고에 의한 것이었겠느냐'는 질책이다.

・・・

강한 바람과 지진,
그리고 불 가운데에도 계시지 않은 하나님

하나님께서는 "내가 네 앞을 지나갈 것"이라 하시며 엘리야를 산 위에 세워두셨다. 그리고는 매우 강한 바람이 불었고, 그다음에는 지진이 있었고, 강력한 불도 일어났는데, 엘리야는 거기에서 하나님을 찾을 수 없었고 그것이 다 지나간 후에 세미한 소리로 들리는 하나님을 만난다. 이것은 무슨 의미일까? 모름지기 강한 바람이나 지진, 그리고 불은 모두 강력한 하나님의 임재를 상징한다. 그런데 그곳에서 하나님이 나타나지 않은 것은, 엘리야에게는 더 이상 하나님이 크게 임재하시는 역사가 일어나지 않을 것이라는 예고이다. 오직 조용한 가운데 들리는 말씀을 통해서만 그의 사역을 감당하게 될 것이다. 이것은 물론, 갈멜산에서 강한 불 가운데 임재하시며 큰 기적을 베풀었건만 이와 같이 어리석은 결과를 보인 것에 대한 공정한 조처이시다.

아울러 이런 의미도 있으리라. 하나님은 큰 기적 가운데에만 계신 것이 아니고, 조용한 가운데 늘 세미한 음성으로 우리를 돕는다는. 즉 엘리야는 갈멜산에서와 같이 큰 기적을 위해서만 하나님의 임재를 구할 것이 아니라, 집에 돌아와서 이세벨의 위협에 직면했을 때에도 하나님의 도우심을 구했어야 했다는 질책이다. 그러면 조용한 가운데 말씀하시는 하나님의 인도하심을 따라 이세벨을 대적하면 되는 것이거늘, 줄행랑하기에 바빠서 모든 일을 망쳐버린 것에 대한 책망이기도 하다.

많이 받은 자에게는 많이 요구하시는 하나님 나라의 원칙(눅 12:48)에 의해, 크게 쓰임 받은 종들에게는 더 큰 순종을 요구하신다. 그래서 큰 능력을 행하는 선지자일수록 하나님의 명령에 온전히 순종하는 일이 쉽지 않다. 우리가 상상할 수 없는 큰 위협과 부담감을 안고 해내야 할 엄중한 사역들이 그들에게 부여되기 때문이다. 엘리야는 그 이후에 여러 사역들을 잘 감당해내며 대(大)선지자로서 확고하게 그 이름을 성경에 남기고 있다.

10

의인 욥

그 때에 여호와께서 폭풍우 가운데에서 욥에게
말씀하여 이르시되 무지한 말로 생각을 어둡게
하는 자가 누구냐 _욥 38:1-2

> 우스 땅에 욥이라 불리는 사람이 있었는데 그 사람은 온전하고 정직하여 하나님을 경외하며 악에서 떠난 자더라(욥 1:1).

'온전하고 정직하여 하나님을 경외하며 악에서 떠난 자' 이것은 분명히 욥의 의인됨을 나타내는 적절하고도 충분한 표현이다. 그럼에도 불구하고 욥은 그의 친구들로부터 (혹은 욥기의 독자들로부터), '그가 과연 의인일까?' 하는 의심을 대대적으로 받았다. 그것은 아마도 그가 받은 엄청난 시련과 환란 때문일 것이다. 그러므로 욥기에서는 그의 겪은 환란의 의미를 다각도로 분명하게 찾아내는 것이 매우 중요하다. 하나님으로부터 인정받은 의인 욥에게는 많은 복이 임하여 슬하에 많은 자녀를 두었고 동방에서 으뜸가는 부자가 되었다.

> 그의 아들들이 자기 생일에 각각 자기의 집에서 잔치를 베풀고 그의 누이 세 명도 청하여 함께 먹고 마시더라 그들이 차례대로 잔치를 끝내면 욥이 그들을 불러다가 성결하게 하되 아침에 일어나서 그들의 명수대로 번제를 드렸으니 이는 욥이 말하기를 혹시 내 아들들이 죄를 범하여 마음으로 하나님을 욕되게 하였을까 함이라 욥의 행위가 항상 이러하였더라. (욥 1:4-5)

하나님께서는 이런 욥을 볼 때마다 마음이 흐뭇하고 기쁘셨다.

그래서 '욥 같은 사람은 세상에 없다'는 표현을 사용하며 최고의 칭찬을 아끼지 않으신다. 그런데 하나님께서는 욥에 대한 이 자랑을 다름 아닌 사탄에게 하신 것이다.

> 하루는 하나님의 아들들이 여호와 앞에 와 서 있는데 사탄도 그들과 함께 왔습니다. 여호와께서 사탄에게 말씀하셨습니다. "네가 어디에서 왔느냐?" 사탄이 여호와께 대답했습니다. "땅에서 여기저기를 왔다 갔다 하다 왔습니다." 그러자 여호와께서 사탄에게 말씀하셨습니다. "내 종 욥을 유심히 살펴보았느냐? 땅 위에 그런 사람이 없다. 그는 흠이 없고 정직한 자로서 하나님을 경외하고 악을 멀리하는 사람이다." (우리말성경, 욥 1:6-8)

위의 본문은 여호와의 회의 장면이다. 하나님 앞에 천사들도 있고 사탄도 있다. 사탄은 하나님의 자녀들에게서 비방거리를 찾기 위해 세상을 여기저기 두루 다니며 살피는 일을 한다. 하나님께서는 욥에 대해서도 자세히 살펴보았을 사탄에게, 흠잡을 데 없는 욥의 행실에 대해 자랑하여 말씀하신다. 그런데 하나님께서는 왜 사탄에게 자랑하셨을까? 사탄은 질투와 시기의 화신(化身)이어서 하나님의 사랑을 받는 사람들을 극도로 미워하는데 말이다. 그 저주받은 영(靈)은 즉각적으로 신경질적인 반응을 보이며 항의한다.

"욥이 아무런 이유 없이 하나님을 경외하겠습니까? 주께서 그와 그 집안과 그가 가진 모든 것의 사면에 울타리를 쳐 주지 않으셨습니까? 주께서 욥이 손대는 일에 복을 주셔서 그 가축이 땅에서 늘어가는 것입니다. 하지만 주께서 손을 뻗어 그가 가진 모든 것을 쳐 보십시오. 그러면 그가 분명 주의 얼굴에 대고 저주할 것입니다." (우리말성경, 욥 1:9-11)

하나님을 경외하며 범사에 정직한 욥이 복을 받은 것은 당연한 일이었으나 그런 욥의 존재가 사탄에게는 눈엣가시였다. 심지어 사탄은 욥에게 복을 주시는 하나님께도 불만이었다. 그래서 하나님이 복을 주니까 욥이 순종하는 것이지 그가 의로운 것은 절대 아니라고 억지를 부리며 하나님께서 욥의 마음을 시험해보시도록 노골적으로 유도한다. 그러자 하나님께서는 "좋다. 그가 가진 모든 것에 대해 네 마음대로 시험해 보아라. 그러나 그의 몸에는 손대지 마라!" 하시며 승낙을 하신다. 하나님의 승낙은 매우 즉각적이었다. 마치 사탄의 반응이 어떠할지를 이미 짐작하시고 욥 이야기를 꺼내시기라도 한 것처럼.

현재의 욥은 하나님이 보시기에 매우 사랑스럽고 자랑할 만하다. 그런데 만일 그가 가진 모든 것을 잃는다면, 그래도 욥은 하나님을 경외할 것인가? 이 테스트에 대해 사탄은 '절대 아니다'에 승부를 걸었고, 하나님께서는 '여전히 경외할 것이다'하는 자신감으로 테스트를 허락한다. 어떻게 해서든지 욥을 실족시키려는 사탄의 교묘한 술수였지만, 하나님께서는 욥의 순전함을 신뢰하시기에 무슨 제안이든 자신 있게 수용할 수 있었던 것이다. '그러자 사탄은 곧 여호와 앞에서 떠나갔다.'

여호와의 회의에서 무슨 일이 있었는지 알 리가 없는 욥은 여전히 평온한 일상의 한가운데 있었다. 욥의 자녀들이 맏형 집에 모여 음식을 먹으며 포도주를 마시고 있었고. 그런데 그때, 한 심부름꾼이 욥에게 와서, "소들은 쟁기질하고, 암나귀들은 풀을 뜯고 있었는데 스바 사람들이 들이닥쳐 소들과 암나귀들을 빼앗고 종들을 칼로 쳐서 죽였습니다. 오직 저 혼자만 도망쳐 나왔습니다."라고 말한다.

그가 아직 말을 채 끝내기도 전에 다른 사람이 와서 말했습니다. "하나님의 불이 하늘에서 떨어져 양 떼와 종들을 다 집어삼켰습니다. 나만 혼자 피해 이렇게 주인님께 말씀드리러 왔습니다."
그가 아직 말을 채 끝내기도 전에 또 한 사람이 와서 말했습니다. "갈대아 사람들이 세 무리로 떼를 지어 쳐들어와서 낙타들을 빼앗아 가고 종들은 칼로 쳐 죽였습니다. 나만 혼자 피해 이렇게 주인님께 말씀드리러 왔습니다."
그가 아직 말을 채 끝내기도 전에 또 한 사람이 와서 말했습니다. "주인님의 아들딸들이 맏아드님 댁에서 잔치를 벌이며 포도주를 마시고 있었습니다. 그런데 갑자기 광야에서 돌풍이 불어오더니 집의 네 모퉁이를 쳤습니다. 그러자 집이 그 젊은이들 위에 폭삭 내려앉았고 그들이 죽고 말았습니다. 나만 혼자 피해 이렇게 주인님께 말씀드리러 왔습니다." (우리말성경, 욥 1:16-19)

하루 동안에 욥에게 임한 고난은 끔찍했다. 소와 암나귀, 양 떼, 낙타들, 그리고 종들과 그의 모든 자녀들을 잃은 것이다. 그들은 칼에 죽거나 불에 타죽거나 지붕에 깔려 죽는 처참한 죽임을 당하는 데, 기이하게도 그 사건들은 일정한 시간 간격을 두고 한꺼번에 벌어지면서 욥을 더욱 큰 충격에 빠트린다. 욥은 하나님을 향한 마음이 흔들리지 않기 위해 최선을 다한다. 자기 옷을 찢으며 머리를 삭발하고 땅에 엎드려 하나님께 경배를 드리며, 이때 욥은 불후(不朽)의 명대사를 남긴다.

> 내가 모태에서 알몸으로 나왔사온즉 또한 알몸이 그리로 돌아가올지라. 주신 이도 여호와시요 거두신 이도 여호와시오니 여호와의 이름이 찬송을 받으실지니이다.(욥 1:21)

얼마나 감동적인 장면인가! 하루아침에 모든 것을 잃고도 욥은 하나님을 향하여 원망하지 아니하며 그의 신실함을 드러낸다. 기대에 부응하며 하나님을 크게 기쁘게 해드린다. 사탄의 패배가 명백해지는 순간이다. 하늘에서는 여호와의 회의가 다시 열린다. 그 자리에는 사탄도 있는데, 하나님께서는 또 '네가 어디에서 왔느냐?' 하고 물으신다. 사탄은 '세상을 두루 돌아다녔습니다.' 라고 대답한다. 그것은 사탄이 항상 하는 일인 것이다. 하나님께서는 다시 힘주어 욥을 칭찬하신다.

"네가 내 종 욥을 주의하여 보았느냐? 욥처럼 흠 없고 정직하며, 하나님을 경외하고 죄를 미워하는 자는 세상 어디에도 없다. 네가 아무런 이유 없이 나를 자극하여 그를 해치고자 했으나, 그가 오히려 신앙을 튼튼히 붙들고 있지 않느냐?"(욥 2:3)

하나님의 욥에 대한 평가는 사탄의 마음에 더 큰 질투를 불러일으켰다. 사탄은 또 다른 억지 주장을 펼친다. "사람은 자기의 목숨을 구하는 일이라면 무엇이든 내놓게 됩니다. 이제 주께서 그의 뼈와 몸을 병들게 해보십시오. 그러면 그가 주님을 똑바로 쳐다보며 저주할 것입니다." 라며. 이때 하나님께서는 사탄의 제안을 받아들이고, "좋다. 그를 네 맘대로 해도 좋다. 그러나 그의 생명만은 건드리지 마라." 하시며 욥을 사탄에게 내어주신다. 하나님께서는 사탄의 질투심을 이용해서 욥을 강력하게 훈련시키시려는 것이다. 사탄으로서도 이것은 잃을 것이 없어 보이는 싸움이다. 원래 믿음이 좋은 욥이기에 그가 끝까지 믿음을 지킨다 해도 사탄으로서는 크게 손해 볼 것 없으며, 만일 사탄의 계획대로 욥이 시련을 견디지 못하고 하나님을 저주하기라도 한다면 그것은 사탄에게 큰 승리요, 엄청난 수확이 되기 때문이다. 한 영혼이라도 실족시키기 위한 사탄의 계략은 늘 이렇게 악랄하고 집요하다. 그렇게 하나님의 하락을 받은 사탄의 발걸음은 바빠진다.

> 사탄이 여호와 앞에서 물러나 욥을 쳐서, 그의 발끝에서 머리끝까지 온몸에 종기가 나게 했습니다. 그는 잿더미에 앉아 기와 조각을 주워서 온몸을 긁었습니다. 그때, 욥의 아내가 그에게 말했습니다. "그래도 당신은 신앙을 지킬 것입니까? 차라리 하나님을 저주하고 죽어 버려요!" 욥이 그녀에게 대답했습니다. "당신은 어리석은 여자들처럼 말하는군요. 우리가 하나님께 복을 받았는데, 재앙인들 못 받겠소?" 이 모든 일에도 욥은 입술로 범죄하지 않았습니다(욥 2:7-10).

사탄은 욥에게 살가죽이 다 짓무르는 고통을 준다. 그것은 가렵고 아픈 고통인 동시에 그 모습의 추악함 때문에 더욱 괴롭다. 욥의 아내는 견디지 못하고, '차라리 하나님을 욕하고 죽으라'고 말한다. 너무 큰 충격으로 인해 분별력을 완전히 상실한 것이다. 욥은 끔찍한 고통에 시달리면서도 아내의 말에 섭섭해 하지 않고,

'그대의 말이 한 어리석은 여자의 말 같도다. 우리가 하나님께 복을 받았는즉 화도 받지 아니하겠느냐.' 하며 의연하게 대처한다. 그야말로 우문현답(愚問賢答)이다. 하나님을 향한 변함없는 신뢰와 아내를 향한 여전한 애정과 안타까운 마음이 담겨 있다. '당신답지 않게 왜 그런 어리석은 말을 하느냐'하는. 이때 욥의 아내가 욥의 곁을 완전히 떠났는지에 대해선 알 수가 없으나 욥이 온갖 시련을 겪을 동안 그녀가 욥에게 아무런 도움도 주지 않은 것은 확실하다. 욥은 모든 시련을 혼자서 겪으며 견뎌 나간다.

친구들의 방문

혼자 남은 욥에게 친구들이 찾아온다. 데만 사람 엘리바스, 수아 사람 빌닷, 나아마 사람 소발. 이들의 지혜는 욥에 버금가는 뛰어난 경지이며 자기 고향에서 존경받으며 살고 있다. 욥의 명성이 동방 전체에 널리 퍼지면서 서로 알게 되었고 학문적으로 교류하며 친분을 쌓아온 사이이다. 그들은 욥이 당한 재앙을 듣고 위로하기 위해 달려왔으나 욥의 몰골이 너무 처참하여 그를 알아볼 수가 없을 지경이었다. 친구들은 크게 울부짖으며, 각자 자기의 겉옷을 찢고 티끌을 머리 위에 뿌리면 애통해 한다. 그들은 칠 일 밤낮을 욥과 함께 땅바닥에 앉아 있었는데, 그의 비참함이 너무 심해서 아무 말도 못 하고 있었다. 그야말로 뭐라 위로할 말이 없는 지경인 것이다. 갑자기 닥친 이해할 수 없는 엄청난 고통 앞에서 욥은 하나님을 원망하지 않는다. 다만, 독백을 통해 자신의 생일을 원망한다.

'내가 난 날이 멸망하였더라면, 사내아이를 배었다 하던 그 밤도 그러하였더라면, 그 날이 캄캄하였더라면, 하나님이 위에서 돌아보지 않으셨더라면, 빛도 그 날을 비추지 않았더라면, 어둠과 죽음의 그늘이 그 날을 자기의 것이라 주장하였더라면, 구름이 그 위에 덮였더라면, 흑암이 그 날을 덮었더라면, 그 밤이 캄캄한 어둠에 잡혔더라면, 해의 날 수와 달의 수에 들지 않았더라면, 그 밤에 자식을 배지 못하였더라면, 그 밤에 즐거운 소리가 나지 않았더라면, 날을 저주하는 자들 곧 리워야단을 격동시키기에 익숙한 자들이 그 밤을 저주하였더라면, 그 밤에 새벽 별들이 어두웠더라면, 그 밤이 광명을 바랄지라도 얻지 못하며 동틈을 보지 못하였더라면 좋았을 것을 이는 내 모태의 문을 닫지 아니하여 내 눈으로 환난을 보게 하였음이로구나.
어찌하여 내가 태에서 죽어 나오지 아니하였던가. 어찌하여 내 어머니가 해산할 때에 내가 숨지지 아니하였던가. 어찌하여 무릎이 나를 받았던가, 어찌하여 내가 젖을 빨았던가. 그렇지 아니하였던들 이제는 내가 평안히 누워서 자고 쉬었을 것이니 자기를 위하여 폐허를 일으킨 세상 임금들과 모사들과 함께 있었을 것이요, 혹시 금을 가지며 은으로 집을 채운 고관들과 함께 있었을 것이며 또는 낙태되어 땅에 묻힌 아이처럼 나는 존재하지 않았겠고 빛을 보지 못한 아이들 같았을 것이라.

거기서는 악한 자가 소요를 그치며 거기서는 피곤한 자가 쉼을 얻으며, 거기서는 갇힌 자가 다 함께 평안히 있어 감독자의 호통 소리를 듣지 아니하며, 거기서는 작은 자와 큰 자가 함께 있고 종이 상전에게서 놓이느니라. 어찌하여 고난당하는 자에게 빛을 주셨으며 마음이 아픈 자에게 생명을 주셨는고. 이러한 자는 죽기를 바라도 오지 아니하니 땅을 파고 숨긴 보배를 찾음보다 죽음을 구하는 것을 더하다가 무덤을 찾아 얻으면 심히 기뻐하고 즐거워하나니. 하나님에게 둘러싸여 길이 아득한 사람에게 어찌하여 빛을 주셨는고.

나는 음식 앞에서도 탄식이 나며 내가 앓는 소리는 물이 쏟아지는 소리 같구나. 내가 두려워하는 그것이 내게 임하고 내가 무서워하는 그것이 내 몸에 미쳤구나. 나에게는 평온도 없고 안일도 없고 휴식도 없고 다만 불안만이 있구나. (욥 3:3-29)

긴 독백을 통해 욥의 지적 고상함이 그대로 드러난다. 극도의 고통 중에서도 이 정도이니, 평소에는 그의 지적 탁월함이 얼마나 대단했을지 가히 짐작하게 한다. 이 운문은 욥이 자신의 생일을 저주하는 독백으로 유명한데, '탄생'의 각별한 의미를 우회적으로 잘 표현한 매우 인상적인 본문이다. 모든 것을 잃고 극심한 고통을 당하면서도 욥은 하나님을 원망하지 않고, 자신에게 저주를 퍼부은 아내를 욕하지도 않았다. 그리고 너무 고통스러워서 울부짖기라도 해야 견딜 것 같은 상황에 다다르자 그는 자신이 잉태된 날을 원망하고 있는 것이다. 그런데, 여기서 '내가 두려워하는 그것이 내게 임하고 내가 무서워하는 그것이 내 몸에 미쳤구나.'하는 욥의 고백은 사람들에게 많은 오해를 불러일으키기도 한다. 욥이 평소에 그와 같이 부정적인 생각을 했기 때문에 재난이 임한 것이라고. 부정적인 생각이 부정적인 상황을 초래하는 것은 맞는 말이지만, 욥의 경우에는 해당되지 않는다. 욥에게 임한 재앙의 규모가 너무 크기 때문이다. 만일 그 정도의 환란을 초래할만한 부정적인 생각이 그동안의 욥을 지배하였다면 그는 결코 의인의 삶을 살지 못했을 것이다.

그러면 욥은 왜 때때로 그런 알 수 없는 두려움을 느낀 것일까? 그것은 하나님께서 그에게 닥칠 시련에 대한 넌지시 암시를 주셨기 때문이다. 그것은 욥에게 베푸신 적절한 배려였다. 만일, 어떤 선지자를 통해 '욥에 관한 여호와의 회의' 내용을 욥에게 알려주었더라면 그는 환란을 극복하기가 훨씬 수월했을 것이다. 그러나 하나님께서는 회의내용은 전혀 알려주지 않으시고 다만 그의 마음을 통해 '욥아, 너에게 장차 큰 시련이 닥칠 것이다!'라는 암시를 주신 것이다. 그것은 하나님의 욥에 대한 전적인 신뢰이다. 그 정도 귀 띔만 해줘도 그가 잘 견뎌낼 것이라는 신뢰. 욥기 4장부터 친구들의 태도가 돌변하는데, 엘리바스가 제일 먼저 욥을 공격한다.

> "자네는 전에 많은 사람에게 신앙을 가르치고, 약한 자들을 도와 주더니……. 자네에게 이런 일이 닥치니 감당하지 못하고, 자신이 이런 일을 당하니 좌절하는군. 생각해 보게. 죄 없이 망한 자가 있던가? 정직한 사람이 갑자기 죽던가? 내가 본 바로는, 악의 밭을 갈고 죄를 심는 자들은 뿌린 대로 거두며, 하나님의 숨결에 망하고, 하나님의 진노에 끝장이 난다네." (욥 4:3,5,7-9)

그는 왜 갑자기 돌변하여 이와 같이 조롱 섞인 말로 비난하는 것일까. 친구의 갑작스런 변화는 욥에게는 더욱 큰 고통이 될 수밖에 없는데, 엘리바스 발언의 요지는 '이유 없이 이런 일을 당하겠느냐. 너의 죄가 크기 때문이다.'라는 것이다. 이어서 엘리바스는 자신이 그와 같이 생각하게 된 이유에 대해 다음과 같이 밝힌다.

> 어떤 소리가 나지막이 내게 속삭이는 것을 들었다네. 밤의 환상으로 머리가 뒤숭숭할 때 두려움과 떨림으로 인해 내 모든 뼈들이 흔들렸지. 그때, 한 영이 내 앞을 지나갔는데 온몸의 털이 쭈뼛 섰다네. 그 영이 멈춰 서 있었지. 그 형상을 볼 수는 없었으

나, 그것이 내 앞에 있다는 것을 알 수 있었다네. 조용한 가운데 이런 소리가 들렸어. '사람이 어떻게 하나님 앞에서 의로울 수 있으며, 인간이 어떻게 창조주 앞에서 깨끗할 수 있겠느냐?' (욥 4:12-17)

이것은 욥기에서 아주 중요한 대목이다. 욥의 세 친구가 갑자기 욥을 비난하는 방향으로 마음이 바뀐 배경에 관해 설명해주고 있기 때문이다. 욥을 위로하기 위해 찾아온 세 친구들은 욥의 처참함을 보면서 일주일 동안 아무 말도 하지 못하고 있었다. 욥이 얼마나 의로우며 그로 인해 받은 복이 얼마나 큰지에 대해서는 동방의 모든 사람이 아는 일이고, 그들 또한 잘 알고 있었다. 그런데 갑자기 이런 재앙이 임하다니, 그들은 도무지 이해할 수가 없었다. 의인이 재앙을 당하는 예는 그들의 경험 가운데 없었고 그들의 깨달은 진리 가운데도 전혀 없었기 때문이다. 그래서 그들은 욥을 위해 애통하며 해답을 찾기 위해 고심했다. 욥의 몰골은 갈수록 처참해지며 그들의 마음을 괴롭게 하고 머리가 복잡하여 잠자리도 편안하지 않았고 꿈도 뒤숭숭할 수밖에 없었다. 그러던 어느 날 밤 엘리바스는 나지막이 속삭이는 소리를 듣는데, 그것은 '사람이 어떻게 하나님 앞에서 의로울 수 있으며, 인간이 어떻게 창조주 앞에서 깨끗할 수 있겠느냐?'하는 소리였다. 사탄의 말은 귀를 통해 소리로 들린다. (성령님의 음성은 마음을 통해 들리고)

그 소리를 듣는 순간 엘리바스는 귀가 솔깃하고 정신이 번쩍 들었다. 그리고는 '맞다!' 하며 무릎을 친다. '욥이 아무리 의로운 것 같아도 그도 인간인데 별수 있겠느냐. 하나님만이 아시는 죄악들이 있는 것이다.' 하며, 엘리바스는 욥의 재앙의 원인은 그의 죄악 때문이라는 맘에 드는 결론을 내린 것이다. 엘리바스가 속삭이는 자의 견해를 즉각적으로 수용한 이유는 온몸의 털이 쭈뼛 설 정도의 두려움을 주는 그 영(靈)의 위력 때문이었다. 그렇다면 그 영은 하나님의 영이었을까? 하나님의 사자(使者)인 천사였을까? 결단코 그렇지 않다. 그것은 사탄의 영이다. 욥은 지금 사탄에게 내어준 바가 되었고, 사탄은 욥에게 모든 고통을 줄 수 있는 권한이 있다. 사탄은 욥의 모든 주변 상황을 이용해서 그를 저주하고 조롱하면서 그에게 최대한의 고통을 주어서 하나님을 떠나게 하려는 작전을 수행 중이다. 먼저 아내를 통해 욥을 좌절하게 하려고 했고, 그 다음은 욥의 세 친구를 이용해서 그를 공격하는 방법을 모색하고 있다. 그들은 욥과 친할 뿐만 아니라 지적 능력이 욥에 못지않은 탁월함을 갖추고 있어서 논리정연하고 신랄하게 욥을 공격하는 데 적격이다.

그래서 그 영은 엘리바스에게 나타났는데, 그 순간에 대한 엘리바스의 설명에는 사탄의 영을 구별할 수 있는 중요한 근거가 있다. 그것은 바로 '머리가 뒤숭숭하며 두려움과 떨림이 있었고, 그 영이 욥의 앞을 지나갈 때 온몸의 털이 쭈뼛 섰고, 그 영이 멈춰

서 있을 때 그 형상을 볼 수는 없었으나, 그것이 앞에 있다는 것을 알 수 있었다'는 것이다(욥 4:13-16). 이것은 사탄의 영이 나타났을 때의 현상들이다. 아울러 엘리바스는 '두려움과 떨림으로 인해 내 모든 뼈들이 흔들렸다'는 표현도 하고 있다. 사탄은 매우 강력한 영을 보내어 엘리바스를 꼼짝 못하도록 한 것이다. 그리고 엘리바스의 설득에 의해 다른 친구들도 한마음을 갖게 된다. 그래서 그들은 욥의 감춰진 죄를 찾아내기 위해 의기투합하게 된다.

・・・
친구들의 의기투합

워낙 강력한 영이 접근해왔기 때문에 엘리바스와 친구들은 꼼짝없이 그것에 순종할 수밖에 없었고, 그 위력에 압도되어 그것이 하나님의 사자(使者)인 것으로 생각한 것 것이다. 그래서 그들은 욥에게 흉악한 죄가 감춰져 있을 확신하며 그 죄악을 들추어내는 일에 사명감을 갖고 임한다. 아울러 그들이 모두 의기투합하여 욥을 공격하는 쪽으로 급선회 한데는 적지 않은 시기심도 작용했다. 동방의 모든 사람에게 그 명성을 떨치고 있는 욥의 지혜와 정직과 선행은 그들이 존경하는 점이면서도 동시에 부러움의 대상이었다. 그들도 나름대로 사람들의 존경을 받으며 명성을 날리고는 있지만 욥의 그것에는 훨씬 못 미치는 것이었기 때문이다. 그들은 때때로 들려오는 욥의 명성에 대한 전설 같은 이야기들에 대해 부러움과 함께 적지 않은 시기심이 들곤 했었다. 그런데 어이없게도 욥이 위선자였다니……. 그들은 그동안 욥이 누려온 영화(榮華)에 대해 확실한 응징을 하고자 일제히 일어선 것이다.

그들의 날 선 공격은 끝없이 이어졌고 그로 인해 욥이 겪어야 하는 고통은 나날이 가중되었다. 그들의 말하는 요지는, 죄 없는 자가 어찌 망하겠느냐, 하나님은 항상 의인에게는 복을 주시고 죄인을 심판하신다. 그러므로 욥에게 이런 재앙이 임한 것은 바로 죄에 대한 하나님의 심판임이 분명하다는 것이며, 이에 동의하지 않는 욥에게 끝없이 신랄한 비판을 쏟아 붓는다. 욥이 재앙을 당할 만한 흉악한 죄를 지은 것은 결코 아니므로 세 친구들의 비판이나 권면은 대부분 부적절한 것이었다. 또 하나님께서 욥을 죄인으로 여기고 저주하고 계신 것이라는 그들의 생각은 잘못된 것이므로, 나중에 하나님으로부터 단호한 질책을 받게 된다.

그러나 그들의 발언이 우리에게도 부적절한 것은 아니다. 아니, 매우 유익하다고 할 수 있다. 오늘날에도 있을 욥 같은 의인들은 제외하고, 우리들 겪고 있는 고통의 대부분은 우리의 죄에 대한 징계이기 때문이다. 그래서 우리들이 겪는 고통에 대한 해결책을 세 친구들의 권면 속에서 찾을 수 있을 것이다. 욥의 친구들은 각자 자기 고향에서 지혜자로서 많은 사람들을 향해 가르침을 베풀어 왔기 때문에 그들의 권면은 우리에게 적절하고도 충분한 지혜를 준다. 욥기의 대부분은 그들의 지혜와 명대사로 가득하다. 그리고 또 중요한 것은, 친구들이 사탄의 꾐에 빠져 욥을 공격하긴 하지만, 그들의 대화가 악한 영(靈)에 사로잡혀서 하는 말은 아니라는 것이다. 악한 영은 그들에게 '욥은 의인이 아니라'는 암시만을 강력하게 주었을 뿐이며, 그들의 모든 생각을 지배한 것은 아니다. 욥에 버금가는 뛰어난 학식과 지혜가 있는 자들로서, 그들은 자신들이 평소에 깨달은 것을 바탕으로 훈계하고 권면한 것이다. 욥기를 읽는 오늘날의 우리를 위해.

> 너는 부르짖어 보라 네게 응답할 자가 있겠느냐. 거룩한 자 중에 네가 누구에게로 향하겠느냐. 분노가 미련한 자를 죽이고 시기가 어리석은 자를 멸하느니라(욥 5:1-2). 재난은 티끌에서 일어나는 것이 아니며 고생은 흙에서 나는 것이 아니니라. 사람은 고생을 위하여 났으니 불꽃이 위로 날아가는 것 같으니라(욥 5:6-7).

엘리바스의 이 말은 우리에게 매우 유익한 교훈이다. 미련한 자들에게 하는 말이기 때문이다. 미련한 자는 분노하다가 죽고 어리석은 자는 시기 때문에 망한다. 그리고 그들은 아무리 부르짖어도 응답해주는 자가 없다. 이런 일을 당하지 않으려면 분노와 시기를 해결해야한다. 사람에게 끊임없이 닥치는 고통에 대해 엘리바스는 '사람은 고생을 위하여 태어났으니 불꽃(sparks)이 위로 날아가는 것 같으니라.'는 비유로 격조 있게 표현한다. 함축적인 의미를 담고 있는 귀한 교훈이다. 위로 날아가는 불꽃은 '고난'을 의미한다. 잘 마른 볏짚을 태울 때 허공으로 무수히 날리던 불티(sparks)를 본 적이 있는가? 그야말로 제 세상 만난 듯 요란하게 휘날리는 불꽃. 그 불꽃 혹은 불티를 없애려면 어떻게 해야 할까? 물을 부어서 볏짚의 불을 끄는 수밖에 없다. 불이 완전히 꺼지는 순간 불티는 완전히 사라져버릴 것이다. 이와 마찬가지로, 고난 좀 멈추어달라는 것은 생명을 꺼달라는 뜻이 되므로, 살아 있는 동안에는 그런 것을 바라지도 말아야 한다. 즉 이것은 '인생은 고난을 위해서 태어났다'는 진리에 대한 완곡한 표현이다.

> 격려 한 마디가 힘이 될 텐데, 자네들은 날 나무라기만 하니, 자네들은 내 말을 탓하려는 것인가? 낙담한 사람의 말은 바람같이 허무할 뿐인데(욥 6:25-26).

친구 엘리바스의 노골적인 공격에도 불구하고 욥은 여전히 그들에게 친구로서의 위로를 부탁한다. '낙담한 사람의 말은 바람같이 허무할 뿐'이라는 욥의 말이 애처롭다. 욥은 극도의 고통 가운데 울부짖다 보니 여러 말을 하게 되는데 그 말을 일일이 꼬투리 잡으며, '인제 보니 너는 그런 자(者)로구나.' 하는 식의 공격을 하는 친구들에게 섭섭함을 표현한 것이다. 오늘날에도 욥의 처지에 대해 긍휼히 여기는 마음도 없이 냉철한 이성으로 욥기를 분석하려는 것은 매우 큰 오류를 범하기 쉽다. 아래 본문은 욥의 독백과 간구이다. 긍휼히 여기는 마음으로 들어보자.

> 내가 누울 때면 말하기를 언제나 일어날까, 언제나 밤이 갈까 하며 새벽까지 이리 뒤척 저리 뒤척 하는구나. 내 생명이 한낱 바람 같음을 생각하옵소서. 나의 눈이 다시는 행복을 보지 못하리이다(7:4,7). 그런즉 내가 내 입을 금하지 아니하고 내 영혼의 아픔 때문에 말하며 내 마음의 괴로움 때문에 불평하리이다. 내가 바다니이까 바다 괴물이니이까 주께서 어찌하여 나를 지키시나이까. 침대에 누우면 좀 편할까, 잠이라도 자면 고통을 잊을까 하지만 아무 소용이 없습니다. 주님은 꿈으로 나를 놀라게 하시고, 환상들을 통해서 두려워 떨게 하십니다(7:11-14). 내가 생명을 싫어하고 영원히 살기를 원하지 아니하오니 나를 놓으소서 내 날은 헛것이니 이다. 사람이 무엇이기에 주께서 그를 크게 만드사 그에게 마음을 두시고 아침마다 권징하시며 순간마다 단련하시나이까(욥 7:16-18).

잠자는 순간에도 편안하지 못한 그야말로 뼈를 마르게 하는 고통이 오랜 시간 계속되고 있다. 언제 끝날지 모를 고통 중에 있는 욥에게 가해지는 친구들의 공격은 집요하기만 하다.

> 수아 사람 빌닷이 대답하여 이르되 네가 어느 때까지 이런 말을 하겠으며 어느 때까지 네 입의 말이 거센 바람과 같겠는가. 하나님이 어찌 정의를 굽게 하시겠으며 전능하신 이가 어찌 공의를 굽게 하시겠는가. 네 자녀들이 주께 죄를 지었으므로 주께서 그들을 그 죄에 버려두셨나니(8:1-4).

'네가 아직도 목소리가 살아있구나. 네가 언제까지 떠들 셈이냐.'하는 얘기다. 이어서 빌닷은 욥이 더 이상 입을 열지 못하게 하려는 듯 '네 자녀들의 죽음은 그들이 지은 죄에 대한 하나님의 공의로운 심판이었다.'는 충격적인 말을 던진다. 빌닷은 욥의 재앙이 모두 죄로 인한 것이라고 여겼기에 그와 같은 발언을 서슴지 않은 것이다. 빌닷은 욥에게 이제라도 회개하면 하나님이 돌보시고 다시 일으키실 것이라며 '네 시작은 미약하였으나 네 나중은 심히 창대하리라' 하는 위로의 말도 전한다. 오늘날 이 말은 많은 사람에게 위로와 용기를 주는 역할을 하고 있다. 친구들의 말은 욥기를 읽는 사람을 향한 하나님의 말씀이기 때문이다.

> 하나님은 순전한 사람을 버리지 아니하시고 악한 자를 붙들어 주지 아니하시므로 웃음을 네 입에, 즐거운 소리를 네 입술에 채

> 우시리니 너를 미워하는 자는 부끄러움을 당할 것이라 악인의
> 장막은 없어지리라(욥 8:20-22).

빌닷의 이 말은 매우 의미 있는 예언의 말씀이다. 욥의 회복을 암시하고 있다. 빌닷이 뭔가 깨닫는 바가 있어서 이런 예언의 말을 해준 것일까? 극심한 고통 가운데 때때로 하나님의 위로도 임하면서 욥의 어려운 상황은 계속되고 있다. 욥은 다시 독백을 통해 하나님을 찬양한다.

> 인생이 어찌 하나님 앞에 의로우랴. 그는 마음이 지혜로우시고 힘이 강하시니 그를 거슬러 스스로 완악하게 행하고도 형통할 자가 누구이랴(욥 9:2,4). 그해를 명령하여 뜨지 못하게 하시며 별들을 가두시도다. 그가 홀로 하늘을 펴시며 바다 물결을 밟으시며 북두성과 삼성과 묘성과 남방의 밀실을 만드셨으며 측량할 수 없는 큰일을, 셀 수 없는 기이한 일을 행하시느니라(욥 9:7-10).

욥은 의로우시며 위대하신 하나님을 찬양한다. 하나님께서 우주를 지으시는 광경에 대한 묘사가 매우 생동감 있다. '하늘을 펴시며 바다 물결을 밟으시고 북두성과 삼성과 묘성과 남방의 밀실을 만드신' 크고 광대하신 하나님 앞에서 욥은 '가령 내가 의로울

지라도 대답하지 못하겠고 나를 심판하실 그에게 간구할 뿐'(9:15) 이라고 겸손히 고백한다. 그리고 '세상이 악인의 손에 넘어갔고 재판관의 얼굴도 가려졌나니 그렇게 되게 한 이가 그가 아니시면 누구냐'(9:24) 하며 자신의 현실에 대한 예리한 분석을 내린다. 욥은 자신을 고난 가운데로 던지신 이가 바로 하나님이시라는 고백을 한 것이다. 자신도 모르게 튀어나온 이 말은 무엇일까? 하나님께서 욥의 입에 담아주신 말씀이리라.

욥의 불평

내 영혼이 살기에 곤비하니 내 불평을 토로하고 내 마음이 괴로운 대로 말하리라. 내가 하나님께 아뢰오리니 나를 정죄하지 마시옵고 무슨 까닭으로 나와 더불어 변론하시는지 내게 알게 하옵소서(욥 10:1-2). 주께서도 육신의 눈이 있나이까. 주께서 사람처럼 보시나이까. 나의 허물을 찾으시며 나의 죄 들추어내시나이까. 주의 손으로 나를 빚으셨으며 만드셨는데 이제 나를 멸하시나이다(욥 10:4,6,8).

욥의 고통이 처절하여 드디어 불평을 토로하기 시작하긴 하지만 그래도 아직은 하나님을 향해 겸손한 모습을 유지하고 있다. 10

장의 18~20절에서 욥은 '어찌하여 당신은 나를 태어나게 하셨습니까? 내가 그때 죽어 버려서 아무도 나를 보지 못했더라면 좋았을 텐데. 나는 없었어야 했습니다. 태에서 무덤으로 바로 옮겨졌어야 했습니다. 이제 죽을 때가 다 되었으니, 제발 이 순간이라도 편하게 해 주십시오. 내가 돌아오지 못할 땅, 어둡고 그늘진 그곳에 가기 전에 제발 그렇게 해 주십시오.' 하며 다소 거친 표현을 구사하기도 한다. 그러나 이런 와중에도 소발은, '네가 하나님의 오묘함을 어찌 능히 측량하며 전능자를 어찌 능히 완전히 알겠느냐. 하늘보다 높으시니 네가 무엇을 하겠으며 스올보다 깊으시니 네가 어찌 알겠느냐. 그의 크심은 땅보다 길고 바다보다 넓으니라.' 라며 냉정히 대응하는데(11:7-9), 이것은 바로 욥을 향한 하나님의 말씀이다. 욥을 더욱 겸손하게 하시려는 하나님의 뜻이다. 욥은 얼마나 사랑받는 존재인가! 그 고통 중에서도 위로는커녕 오히려 책망을 가하시며, 더욱 겸손하도록 단련시키시는 하나님의 의도는 욥을 향한 지극하신 사랑이 아니고 무엇이겠는가!

그러나 고통이 극심하다보니 친구들의 발언을 수용하기가 쉽진 않다. 12장에서 욥은 드디어 친구들을 향해 분노한다. '너희만 참으로 백성이로구나. 너희가 죽으면 지혜도 죽겠구나!' 하며. 그리고 친구들의 지혜를 비웃기라도 하려는 듯, 욥은 그의 지혜와 명철을 다해 하나님을 더욱 높이 찬양한다. 친구들의 조롱이 욥의 신앙을 더욱 공고하게 한 것이다. 13장에서 욥은 '너희는 잠잠하고 나를 버려두어 말하게 하라. 무슨 일이 닥치든지 내가 당하리라.'하며 자신의 의견을 담대히 피력한다. '너희들은 내 말을 분명히 들어라……! 보라, 내가 내 사정을 진술하였거니와 내가 정의롭다 함을 얻을 줄 아노라.' 하며 자신의 옳음을 인정받을 날에 대해 확신한다(13:17-18). 이것은 후에 '나의 가는 길을 오직 그가 아시나니 그가 나를 단련하신 후에는 내가 정금 같이 나오리라.'하는 표현으로 더욱 승화된다(23:10).

욥은 "주께서 어찌하여 얼굴을 가리우시고 나를 주의 대적으로 여기시나이까." (23:24) 하며 애통하고 하나님 앞에서 자신의 존재를 '날리는 낙엽', '마른 검불', '썩은 물건의 후패함'과 '좀먹은 의복' 등으로 애처로이 표현한다.

곧 죽을 것 같이 괴로운데 하나님의 응답이 없고 더욱 비참해지는 상황에서 욥은 잠잠하신 하나님을 향해 '사람이 죽더라도 다시 살아날 수 있습니까? 만약 그렇다면 다시 살아날 때까지 아무리 어려워도 기다리겠습니다.'라고 말한다(14:14). 여전히 지혜로운 모습을 보이고 있다. 그러나 데만 사람 엘리바스는 '지혜로운 사람이 어찌하여 쓸데없는 소리나 늘어놓고, 자기 배를 허풍으로 채우는가? 어째서 그런 소용없는 이야기, 유익하지 못한 말만 늘어놓는가?' 하며(15:1-3) 살기등등한 기세로 공격해 온다. 그러나 이것 역시 하나님께서 엘리바스를 통해 욥을 단련하는 과정이다. 엘리바스의 말을 들어보자.

네가 제일 처음 난 사람이냐 산들이 있기 전에 네가 출생하였
느냐? 하나님의 모의를 네가 들었느냐 지혜를 홀로 가졌느
냐? 너의 아는 것이 무엇이기로 우리가 알지 못하겠느냐. 너의
깨달은 것이 무엇이기로 우리에게는 없겠느냐? (개역한글, 욥
15:7-9)

욥에게 분노하며 반박하는 엘리바스의 말 중에 놀랍게도 '하나님의 모의(God's council)'가 나온다. 이것은 '여호와의 회의'를 이르는 말이다. 엘리바스의 말은 '하나님의 회의에 참석해서 들은 자라야 가장 지혜로운 자'라고 할 수 있다는 것이다. 여호와의 회의에서 매우 중요한 결정이 이뤄지고, 하나님께서는 거기서 결정된 방법대로 세상을 이끌어 가심을 그들도 알고 있는 것이다. 그러나 욥에 대한 문제도 여호와의 회의에서 토론되었으리라는 것은 상상도 못할 일이었기에, 욥을 향한 그의 비난은 계속된다.

악인은 그의 일평생에 고통을 당하며 포악자의 햇수는 정해졌으
므로 그의 귀에는 무서운 소리가 들리고 그가 평안할 때에 멸망
시키는 자가 그에게 이르리니 그가 어두운 데서 나오기를 바라
지 못하고 칼날이 숨어서 기다리느니라(욥 15:20-22).

끊임없이 비난하고 책망하고 심지어는 저주의 말까지도 서슴

지 않는 친구들을 향해 욥은 '네가 무엇에 격동되어 이같이 하는 고…….'(16:3)하며 탄식한다. 본심으로는 이렇게 할 친구들이 아니요, 잠시 무엇에 격동되어서 이런 말을 하고 있는 것으로 이해하려는 욥의 우직함이 엿보인다. 친구들의 악한 말을 들으면서도 우정을 지키려는 신실한 마음을 여실히 보여주고 있다. 이쯤 되면 그 섭섭함을 이기지 못하고, "너희들이 알고 보니 아주 의리 없는 자들이었구나. 어찌 내게 그런 나쁜 말을 할 수 있단 말이냐?" 하며 분노하기 쉬운데 말이다.

욥은 이제 어떤 말을 해도 근심이 풀리지 아니하고 잠잠하여도 아픔이 줄어들지 않는다. (16:6) '하나님께서 나를 공격하시고, 내 살을 찢으시며 이를 갈며 노여움에 가득 찬 눈길로 바라보신다'며 낙담한다(16:9). 호흡이 거칠어지고, 죽음이 가까웠으니, 무덤만이 자신을 기다리고 있다고 탄식한다(17:1). 이제 무덤을 집으로 삼고, 어둠 속에 침상을 놓아야 할 때가 온 것일까? 욥은 '이제 무덤에게는 내 아버지라, 벌레에게는 내 어머니, 내 자매라고 불러야 하는구나' 하며 힘겹게 탄식한다. 그런들 친구들이 그를 불쌍히 여겨줄까. 빌닷은 비난의 수위를 더해가며 공격해오고(18장), 집안사람들마저 욥을 무시하는 상황에서 그는 탄식한다.

나의 형제들이 나를 멀리 떠나게 하시니 나를 아는 모든 사람이 내게 낯선 사람이 되었구나. 내 친척은 나를 버렸으며 가까운 친지들은 나를 잊었구나. 내 집에 머물러 사는 자와 내 여종들은 나를 낯선 사람으로 여기니 내가 그들 앞에서 타국 사람이 되었구나. 내가 내 종을 불러도 대답하지 아니하니 내 입으로 그에게 간청하여야 하겠구나. 내 아내도 내 숨결을 싫어하며 내 허리의 자식들도 나를 가련하게 여기는구나. 어린
아이들까지도 나를 업신여기고 내가 일어나면 나를 조롱하는구나. 나의 가까운 친구들이 나를 미워하며 내가 사랑하는 사람들이 돌이켜 나의 원수가 되었구나(욥 19:13-19).

욥은 뼈와 가죽만 남은 채 잇몸으로 겨우 살아가는 신세가 되어 친구들의 위로를 간청한다. '하나님의 손이 나를 치셨다'는 것을 알아 달라며(19:20-21). 그러나 소발은 '악인은 자기의 똥처럼 영원히 망할 것이라'는 말로 그의 요청을 단번에 거절하고(20:7), 엘리바스는 '사람이 어찌 하나님께 유익하게 하겠느냐. 지혜로운 자도 자기에게 유익할 따름이니라. 네가 의로운들 전능자에게 무슨 기쁨이 있겠으며 네 행위가 온전한들 그에게 무슨 이익이 되겠느냐.'며 점잖은 말로 꾸짖는다(22:2-3). 욥은 고통 중에 더욱 성숙한 모습을 보인다. 그것은 하나님을 향한 포기하지 않는 희망이다. 그래서 '내가 가는 길을 그가 아시나니 그가 나를 단련하신 후에는 내가 순금같이 되어 나오리라'(23:10)는 확신을 갖는다. 그는 자신이 어떠한 잘못도 범하지 않았다는 것이 아니라 그가 당하는 고난

이 자신의 죄를 훨씬 능가한다는 점을 주장하는 것이다. 빌닷은 이에 대해 다음과 같이 반박하고, 이것으로써 세 친구들의 논박(論駁)은 끝이 난다.

"어떻게 사람이 하나님 앞에서 정당하다 말하고, 여자의 몸에서 난 사람이 깨끗하다 할 수 있는가? 하나님께서 보시기에는 달도 깨끗하지 못하고 별도 순수하지 못한데, 하물며 구더기 같은 인생, 벌레 같은 사람이야 더 말할 것이 있겠는가?" (쉬운성경, 욥 25:4-6).

욥은 워낙 고통 가운데 있어서 이 말이 상처를 주는 말로 들릴 수 있으나, 빌닷의 이 말은 매우 지혜로운 말이다. 하나님 은혜를 깊이 체험하는 순간 인간의 모습은 하나님 앞에서 그저 한 마리의 버러지 같은 존재임을 깨달을 수 있기 때문이다. 욥은 28장에서 지혜의 덕목을 찬양하며 그의 명철함을 드러낸다. 현재 욥의 상태는 뼈와 가죽만 남은 채 잇몸으로 겨우 살아가는 지경(19:20)인 것을 감안하면 그의 저력에 참으로 감탄할 수밖에 없다. 평소 그의 신실하고 순전한 신앙이 이런 위기 때에 빛을 발하는 것이다.

욥의 자랑

친구들과의 치열한 논쟁으로 지쳐버린 욥이 이제부터는 혼자 하나님 앞에 독대한다. 긴 독백이 이어진다. 욥은 전능자께서 함께 하시던 날들, 자녀들이 나와 함께 있던 그 날들을 그리워하며 곰곰이 반추한다.

우유로 발을 씻으며, 반석에서 기름이 시내처럼 흘러내렸던 그 시절, 성문에 나가서 성문 앞 광장의 높은 자리에 앉았던 그 시절, 젊은이들은 나를 보고 길옆으로 비켜서고, 노인들은 일어나서 경의를 표하며, 백성의 지도자들도 하던 말을 멈추고 손으로 입을 가렸지. 귀족들도 소리를 낮추고, 혀가 입천장에 바짝 붙은 것처럼 말소리를 줄였지. 내 말을 들은 자는 나를 복되다 했고 나를 본 자는 모두 나를 칭찬했지. 도움을 바라는 가난한 자들을 돌보고, 도울 자 없던 고아들을 살폈기 때문이지. 희망을 거의 잃은 자들도 나를 축복해 주었고, 과부들도 기뻐서 나에 대해 노래했지. 그때, 나는 의로움의 옷을 입고, 정직함을 관처럼 머리에 썼지.
 나는 보지 못하는 사람의 두 눈이 되었고, 다리를 저는 사람들에게는 두 발이 되어 주었어. 가난한 사람에게는 아버지가 되어

주고, 낯선 사람도 돌보아 주었지. 악인의 턱을 부수고 그 이 사이에 물린 희생자들을 건져 주었지. 그러면서 '난 오래 살다가 내 보금자리에서 죽겠지.'라고 생각했는데. 내 뿌리는 물가로 뻗어 나가고, 가지는 밤새 내린 이슬에 젖었지. 나는 언제나 영광스러운 존재였고, 내 힘은 늘 커져 갔지.

사람들은 내 말에 귀를 기울여 내가 말할 때면 조용히 기다렸고, 내 말이 끝나도 말을 삼가니, 오직 내 말만이 저들의 귀에 잔잔히 내렸지. 저들은 비 기다리듯 나를 기다리고, 봄비 기다리듯 내 입술을 주목했지. 저들이 용기를 잃었을 때, 내가 그들을 향해 웃어 주면, 저들은 내 얼굴의 광채를 귀하게 여겼지. 나는 그들이 해야 할 일을 지도하며 군대를 거느린 왕과 같이 그들을 대했고, 애통해 하는 자들을 위로하여 주곤 했는데. (쉬운성경, 욥 29:6-25)

하나님이 보시기에도 의로울 만큼 순전했던 욥의 삶은 위에 열거한 바와 같이 많은 선행을 베푸는 아름다운 모습이었다. 그러나 그의 선행을 더욱 빛나게 한 것은 모든 선행을 베풀되 오른손이 하는 일을 왼손이 모르게 한 점이다. 죽음을 앞둔 상황에서야 이 고백을 하는 것은, 그가 평소에는 결코 이 일을 자랑하지 않았음을 증명한다. 그는 진심으로 그들을 긍휼히 여기는 마음으로 자비를 베풀었을 뿐이다. 욥의 그런 점 때문에 하나님께서 그를 '온전하고 정직한 자'로 칭찬을 하신 것이다. 그렇다면 현재의 욥은 왜 자신의 선행을 자랑하는 것일까? 그것은 극도로 나약해진 그의 상태와 깊은 관련이 있다. 친구들로부터 끊임없이 공격을 당하면서 많은 상처를 받고 비관적인 생각이 들기 시작했다. '정말 저들의 말처럼 내가 죄인이어서 이런 벌을 받는가? 내가 이런 큰 벌을 받을 정도로 흉악한 죄인이라면 나는 장차 스올로 떨어지겠구나.' 하면서. 그러다가 '내가 과거에 많은 선행을 했는데, 그것들은 정녕 아무 의미가 없다는 것인가?' 하는 억울한 생각도 들면서 그는 지난 일들을 일일이 떠올려 본다. 하나님을 향해 '내가 이렇게 성실히 살았는데 이제 비참하게 죽어갑니다' 라고 항의하는 마음도 담아서.

이것은 이후에 욥을 더욱 겸손하게 하는 계기가 될 것이다. 말하자면, 보이지 않게 선행을 베푸는 욥의 자세는 다른 사람들과 구별되는 매우 의로운 모습이었다. 그런데 이것은 그의 내면에 '나는 저들과는 다르다' 하는 자존감으로 자리 잡을 수 있다. 이것은 분명히 교만한 마음의 일종인데, 워낙 내면 깊숙이 있어서 자신도 알지 못한다. 그런데 욥은 고통으로 정신이 몽롱한 순간에 이렇게 '자신의 선행을 주절주절 자랑하는 일'을 저질러버림으로써 자신도 별수 없는 인생임을 절감하게 될 것이다. 남들과 다르다는 자존감이 사라지고 겸손해지는 것이다. 즉 하나님께서는 욥의 내면 깊숙이 자리 잡고 있는 자존감까지도 말끔히 제거해서 그를 더 성숙한 의인으로 만들려고 하는 것이다. 욥이 겪는 연단에는 이와 같은 의도가 치밀하게 계획되어 있었다. 화려했던 과거를 회상하던 욥이 이번에는 현재의 자신의 처지를 쓸쓸히 바라본다(30장).

이제는 나보다 어린 사람이 나를 조롱하는구나(1절). 그들은 배고픔과 가난에 수척해져 밤중에 먹을거리를 찾아 광야를 배회하지 않았던가? 덤불 속에서 나물을 캐 먹고, 싸리나무 뿌리로 배를 채우던 저들이 아니었나? 도둑 취급을 받고 마을에서 쫓겨나, 음침한 산골짜기와 동굴과 바위틈에서 살았지. 가시덤불 속에서 짐승처럼 부르짖고, 가시나무에 모였지(3-7절).

그런데 저들이 나를 조롱하고 있다니. 내가 저들의 말거리가 되다니. 저들은 나를 싫어하여 멀리하고, 내 얼굴에 마구 침을 뱉고 있구나. 하나님께서 내 활시위를 풀고 나를 괴롭게 하시니, 저들이 나를 향해 덤비고 있구나. 오른편에서 그 천한 자들이 일어나 내 두 발을 걷어차고, 나를 둘러싸며 죽이려 하는구나. 저들이 내 길을 허물고 나를 죽이려 해도, 나를 도울 사람이 없구나. 저들이 무너진 성벽을 통해 공격하듯 밀고 들어와 나를 치니, 나는 공포에 질리고 내 체면은 바람 앞에 날리듯 없어졌으며, 내 생명은 구름이 사라지듯 위태롭네. (9~15절)

이제 내 영혼이 허물어지고 고난의 날들만이 나를 기다리는구나. 밤마다 내 뼈가 쑤시고, 그 고통 때문에 쉴 틈이 없구나. 하나님의 강한 손이 내 옷을 움켜잡으시고 옷깃을 조이시는구

나. 그분이 나를 진흙탕에 던지시니 먼지와 재처럼 되었구나. (16~19절)

주님! 내가 주님께 부르짖으나 응답하지 않으시고, 주 앞에 섰으나 주께선 바라보기만 하십니다. 주께서 나를 잔인하게 다루시고, 그 강하신 손으로 나를 치십니다. 주님이 나를 들어 바람 위에 두시고 태풍 가운데서 빙빙 돌리시니, 주님께서는 나를 죽이려 하십니까? 나를 저 무덤으로 보내려 하십니까? (20~23절) 절망 중에 도와 달라고 부르짖으나 나를 도울 자가 아무도 없구나. 내가 고생하는 사람을 보며 울지 않았던가? 가난한 자를 보고 불쌍히 여기지 않았던가? (24~25절) 내 가죽이 검게 변하여 벗겨지고, 내 뼈는 열기로 펄펄 끓어오르는구나. 내 수금은 장례식 노래를 연주하고 내 피리는 슬픈 노래를 부르는구나. (30~31절)

욥의 몸은 '가죽이 검게 변하여 벗겨지고, 뼈는 열기로 펄펄 끓어오르는' 상태가 되었다. 절체절명의 위기이다. 곧 숨이 넘어갈 듯한 절박한 상태에서 욥은 자신의 삶을 총정리하는 고백을 한다 (31장). 욥이 얼마나 정직한 삶을 살아왔는지에 대해 상세히 알 수 있는 기록이다. 과연 하나님으로부터 칭찬받을 만한 온전하고 정직한 삶이었다. 이것은 우리 삶에 귀감으로 삼아야 할 매우 의미 있는 내용들인데, 만일 그가 말하지 않았으면 아예 몰랐을 뻔한 사실들이다. 죽음을 앞둔 극한 상황에서야 자신의 의로운 행적들에 대해 말하는 이 대목은 분명히 욥의 신실함을 돋보이게 한다. 욥의 고백을 들어보자.

> 만일 내가 허위와 함께 동행하고 내 발이 속임수에 빨랐다면 하나님께서 나를 공평한 저울에 달아보시고 그가 나의 온전함을 아시기를 바라노라. 만일 내 걸음이 길에서 떠났거나 내 마음이 내 눈을 따랐거나 내 손에 더러운 것이 묻었다면 내가심은 것을 타인이 먹으며 나의 소출이 뿌리째 뽑히기를 바라노라. (욥 31:5-8)
>
> 만일 남종이나 여종이 나와 더불어 쟁론할 때에 내가 그의 권리를 저버렸다면 하나님이 일어나실 때에 내가 어떻게 하겠느냐 하나님이 심판하실 때에 내가 무엇이라 대답하겠느냐. 나를 태(胎)속에 만드신 이가 그도 만들지 아니하셨느냐 우리를 뱃속에 지으신 이가 한 분이 아니시냐. (욥 31:13-15)
>
> 만일 내가 내 소망을 금에다 두고 순금에게 너는 내 의뢰하는 바라 하였다면 만일 재물의 풍부함과 손으로 얻은 것이 많으므로 기뻐하였다면 그것도 재판에 회부할 죄악이니 내가 그리하였으면 위에 계신 하나님을 속이는 것이리라. (욥 31:24, 25, 28)
>
> 내가 언제 다른 사람처럼 내 악행을 숨긴 일이 있거나 나의 죄악을 나의 품에 감추었으며 내가 언제 큰 무리와 여러 종족의 수

모가 두려워서 대문 밖으로 나가지 못하고 잠잠하였던가. (31;
33-34)
만일 내가 값을 내지 않고 그 [밭의] 소출을 먹고 그 소유주가 생
명을 잃게 하였다면, 밀 대신에 가시나무가 나고 보리 대신에 독
보리가 나는 것이 마땅하니라. (욥 31:39-40)

비록, 극심한 고통으로 정신이 몽롱한 상태에서 한 말이지만, 이후에 기력이 회복한 다음에 욥은 자신의 의로움을 자랑한 사실에 대해 부끄러워할 것이다. 말없이 선을 행하며 의롭게 살아온 세월이 한꺼번에 날아가 버리는 느낌이 들면서, 그는 다시 백의종군하는 마음으로 살게 될 것이다. 이제 자신에게 의로운 것은 하나도 없으며, 이제부터 다시 시작하는 마음으로 더욱 겸손한 삶을 이어갈 것이다. 욥은 자신의 내면 깊숙이 자리 잡고 있는 티끌만한 교만까지도 다 털어버리고 더욱 성숙한 모습으로 태어나기 위한 과정을 통과하고 있는 것이다. (그러나 이 일로 인해 욥의 선행이 모두 무효가 되었다는 뜻은 아니다. 욥의 마음 깊숙이 있는 교만을 완전히 없앰으로 인해, 오히려 그의 선행들이 더 빛나는 값어치를 갖게 될 수 있다. 만일, 이런 과정이 없었다면, 욥은 그가 분별력이 쇠약해진 어떤 시기에 자신의 선행을 자랑하다가 생을 마감할 수도 있었을 것이다. 하늘에서 받을 상을 이 땅에서 다 받아버리고 말이다. 그러므로 이 모든 시련은 욥을 향한 하나님 사랑의 격한 표현이다)

드디어 엘리후가 나타나는데, 그의 출현을 앞두고 여기까지의 모든 상황을 정리해보아야겠다. 사탄이 세 친구를 부추겨 욥에 대해 공격적인 발언을 하도록 했다. 친구들은 '악인의 죄'에 대한 것과 '하나님의 위대성'에 대해 교훈하고 훈계하였으며 욥도 같은 주제에 대해 더 깊이 있게 강론하였다. 욥은 자신의 결백을 주장하며 '이런 재앙을 받을 만한 죄'를 지은 적이 없음을 거듭 밝혔고, 친구들은 심증은 있으나 물증이 없는 그의 죄를 찾아내기 위해 점점 더 위협적인 공격과 비난을 퍼부었다. 그리고 욥의 생명까지 위태한 순간에 다다라서야 그들의 공격이 멈추었다. 욥의 생명에는 손대지 않기로 한 하나님과의 약속에 의해, 사탄은 더 이상 욥을 괴롭히지 못하게 된 것이다. 이때가 바로 욥이 자신에 대한 자랑을 늘어놓은 시점이었다. 욥은 죽기 전에 자신의 억울함을 호소하는 심정으로 평생의 수고에 대해 늘어놓은 것이다.

욥에 대한 사탄의 공격은 끝이 났다. 죽음의 문턱에 이르는 고통 가운데에서도 욥이 하나님을 향하여 저주하지 않았으므로, 사탄은 깨끗이 패했다. 그리고 이제부터는 극도로 피폐해진 욥을 회복해야 할 차례이다. 잘 견뎌낸 욥은 드디어 하나님을 직접 뵙는 영광을 누리게 될 것이다. 하나님을 뵙는다는 것은 욥의 완전한 회복을 의미한다. 육체의 질병과 마음의 고통과 그의 처참한 환경이 다 회복되는 것이다. 그러나 그 전에 준비해야 할 일이 있다. 그가 비록 극도의 고통 중이었을지라도, 하나님께 불평을 말한 것과 응답 없는 하나님을 원망한 것 등을 회개해야 한다. 그것은 지극히 거룩하신 하나님을 뵙기 전에 반드시 해야 할 일이다. 그 모습으로 하나님 앞에 나갈 수 없기 때문에.

 욥의 회개를 위해 엘리후가 등장한다. 엘리후는 하나님의 영으로 충만한 사람이다. 세례 요한이 예수님의 오심을 예비하기 위해 광야에서 외치는 자가 된 것처럼, 엘리후는 욥의 황무(荒蕪)한 심령에 외치는 소리가 되어 거룩하신 하나님의 임재를 준비하려는 것이다.

· · ·

엘리후의 외침

 부스 사람 바라겔의 아들 엘리후. 그는 욥과 세 친구들의 대화를 끝까지 들으며, 자신이 말할 차례를 기다리다가 드디어 입을 열게 된 소감을 다음과 같이 피력한다.

> 내 속에는 말이 가득하니 내 영이 나를 압박함이니라. 보라 내 배는 봉한 포도주통 같고 터지게 된 새 가죽 부대 같구나. 내가 말을 하여야 시원할 것이라 내 입을 열어 대답하리라. 나는 결코 사람의 낯을 보지 아니하며 사람에게 영광을 돌리지 아니하리니 이는 아첨할 줄을 알지 못함이라 만일 그리하면 나를 지으신 이

가 속히 나를 데려가시리로다. (욥 32:18-22)

욥에게 전하고 싶은 말을 참느라 엘리후는 봉한 포도주처럼 그 마음이 터질듯하다고 말한다. 이것은 하나님의 영이 말하게 하는 것을 하지 못하고 있을 때 느끼는 답답함이다. 그는 사람에게 영광을 돌리지 않고 오직 하나님의 기뻐하시는 뜻을 따라 말을 전하는 자이다. 엘리후는 욥이 하나님께서 답변하지 않으신다고 불만을 터뜨린 것이 잘못임을 지적하면서, 하나님이 여러 번 말씀하시는데 알아듣지 못하는 인간의 어리석음에 대해 일러준다. 그는 다음과 같은 매우 의미 있는 교훈을 전하는데 이것은 바로 욥의 회복과 밀접한 관계가 있다.

"사람이 꿈을 꿀 때나, 밤중에 환상을 볼 때나, 침대에서 깊은 잠에 빠졌을 때 하나님께서 사람의 귀를 열고 그들이 받을 교훈을 거기에 인치시고 사람으로 하여금 그 행실에서 돌아서게 하시고 교만하지 않도록 하십니다. 그 영혼을 구덩이에서 지키시고 그 생명이 칼에 쓰러지지 않게 하십니다. 또는 병상에서 당하는 고통이나 뼈마디가 쑤시는 고통을 징벌로 주기도 하십니다. 그렇게 되면 입맛을 잃어버려 진수성찬도 싫어하게 됩니다. 몸이 말라서 살을 찾아볼 수 없게 되고 보이지 않던 뼈가 불거져 나올 것입니다.

이렇게 그 영혼이 무덤 가까이 이르고 그 목숨이 파괴자들에게 가까이 다가갑니다. 그러다가 1,000명의 천사 가운데 하나가 그 곁에서 해석자가 돼 그에게 무엇이 옳은지 말해 줄 것입니다. 그리하여 그에게 자비를 베풀고는 '그를 구해서 구덩이에 내려가지 않게 하여라. 내가 그를 위해 대속물(代贖物)을 찾았다'고 말씀하실 것입니다. 그렇게 되면 그 몸이 어린아이의 몸처럼 새롭게 되고 그 어린 시…절처럼 회복될 것입니다. 그가 하나님께 기도해 그분의 은총을 받고 그가 하나님의 얼굴을 보고 기뻐 외칠 것입니다. 그분이 그의 의를 회복시켜 주실 것입니다.

그가 사람들을 보고 말합니다. '내가 죄를 짓고 옳은 것을 왜곡시켰는데 그분은 나를 벌하지 않으셨습니다. 그분이 그 영혼을 구해 구덩이에 내려가지 않게 하셨고 그래서 내 생명이 빛을 보게 됐습니다.'라고. 정말 이런 일들은 하나님께서 사람에게 종종 하시는 일입니다. 사람의 영혼을 구덩이에서 돌이키시고 생명의 빛을 비추어 주시는 것 말입니다." (우리말성경, 욥 33:15-30)

즉, 하나님께서는 종종 이런 일을 하신다는 것이다. 욥의 경우처럼 갑자기 환난을 당하게 하는 것. 그러나 때가 되면 회복시켜 주신다는 것인데. 모든 것을 포기하려 했던 욥의 마음에 삶에 대한 소원을 다시금 불러일으키신다. 엘리후를 통해. 그렇게 삶에 대한 소망이 생긴 욥은 엘리후의 가르침에 순순히 따를 마음의 준비가 되었고, 엘리후는 욥의 잘못들을 지적하면서 회개를 유도한다. 엘리후가 지적한 욥의 '잘못된 발언(무지한 말)'들은 다음과 같다.

'나는 깨끗하고 죄가 없다. 나는 순결하고 아무런 잘못이 없다. 그런데도 하나님은 나에게서 허물을 찾으시고, 나를 마치 원수 대하듯 하신다.' (33:9-10)
'나는 의롭지만, 하나님께서는 나를 옳지 않게 여기신다.' (34:5)
'나는 정직한데 거짓말쟁이 취급을 당한다. 죄도 없는데 그분이 나를 쳐서 죽이려 하신다.' (34:6)
'하나님을 기쁘시게 해도 별수가 없다!' (34:9)
'(하나님은) 처벌하시지도 않고, 악한 일에도 전혀 관심이 없으시다.' (35:15)

이것들에 대한 엘리후의 대답은, 사람들이 부르짖어도 하나님께서 대답하지 아니하시는 것은 그들의 교만한 자세 때문이고, 하나님은 사람들이 헛된 말로 부르짖는 것을 듣지 않으시며, 전능자는 그런 기도를 들은 체도 하지 않으신다는 것이다. 그리고 욥의 형편이 하나님께 알려졌으니 하나님의 응답을 기다리라는 권면도 빼놓지 않고 있다. 엘리후는 욥에게 주옥같은 권면의 말들을 전해

주는데, 그 중에서도 엘리후의 명철함이 현저하게 드러내는 명대사는 이것이다.

> '너는 하늘을 우러러보아라. 네 위의 높은 궁창을 바라보라. 네가 범죄한들 하나님께 무슨 영향이 있겠으며 네 죄악이 관영한들 하나님께 무슨 관계가 있겠으며 네가 의로운들 하나님께 무엇을 드리겠으며 그가 네 손에서 무엇을 받으시겠느냐. 네 악은 너와 같은 사람이나 해할 따름이요 네 의는 인생이나 유익하게 할 뿐이니라.' (개역한글, 욥 35:5-8)

이것은 우리의 선행이나 의로운 삶이 아무런 의미가 없다는 것은 아니다. 우리는 세상 살 동안 힘써 선을 행해야 하고 의로운 삶을 위해 최선을 다해야 한다. 욥의 삶이야말로 그런 면에서 매우 모범적인 사례다. 그러나 자신의 의로운 행위를 하나님 앞에서 자랑하는 것은 무지한(어리석은, 교만한) 행동이라는 것이다. 그것은 하나님의 한없이 거룩하시고 위대하심 앞에서 우리 모두가 갖춰야 할 자세임을 강조하는 교훈이다. 그리고 욥에게는 좀 더 엄격한 겸손의 자세를 요구하시는데, 그것은 바로 아무리 사경을 헤매는 극한 상황일지라도 하나님께 불평을 말하거나 자신의 의로움을 자랑하는 것은 명백한 교만이므로 진심으로 회개하라는 것이다. 이제 하나님의 현현(顯現)이 임박한 것일까! 엘리후는 하나님을 찬양하며 그분의 위대하심을 욥에게 가르친다.

겹겹이 쌓인 구름과 그의 장막의 우렛소리[천둥소리]를 누가 능히 깨달으랴. 보라 그가 번갯불을 자기의 사면에 펼치시며 바다 밑까지 비치시고 이런 것들로 만민을 심판하시며 음식을 풍성하게 주시느니라. 그가 번갯불을 손바닥 안에 넣으시고 그가 번갯불을 명령하사 과녁을 치시도다. 그의 우레[천둥]가 다가오는 풍우를 알려 주니 가축들도 그 다가옴을 아느니라. (욥 36:29-33)

하나님의 음성 곧 그의 입에서 나오는 소리를 똑똑히 들으라. 그 소리를 천하에 펼치시며 번갯불을 땅끝까지 이르게 하시고 그 후에 음성을 발하시며 그의 위엄찬 소리로 천둥을 치시며 그 음성이 들릴 때에 번개를 멈추게 아니하시느니라. (37:2-4)

. . .

하나님의 현현(顯現)하심

그때 하나님께서 나타나신다. 폭풍우 가운데에서 나타나시며 욥을 향해 일갈(一喝)하신다.

"무지한 말로 이치를 어둡게 하는 자가 누구냐!" (욥 38:2)

천둥소리처럼 울리는 그 음성은 온 천지를 뒤흔들며 욥을 그 발 앞에 엎드러지게 한다. 하나님께서는 욥에게 허리띠를 동여매고 대장부처럼 일어나서 묻는 말에 대답하라며, 서른 한가지의 질문을 통해 인간이 하나님 앞에서 어떤 존재인지 알게 한다.

> 내가 땅의 기초를 놓을 때에 네가 어디 있었느냐? (38:4) 그것의 주추는 무엇 위에 세웠으며 그 모퉁잇돌을 누가 놓았느냐? 그때에 새벽 별들이 기뻐 노래하며 하나님의 아들들이 다 기뻐 소리를 질렀느니라. 바다가 그 모태에서 터져 나올 때에 문으로 그것을 가둔 자가 누구냐? (38:6-8)
> 네가 바다의 샘에 들어갔었느냐 깊은 물 밑으로 걸어 다녀 보았느냐? 어느 것이 광명이 있는 곳으로 가는 길이냐 어느 것이 흑암이 있는 곳으로 가는 길이냐? (38:16-19)
> 네가 눈 곳간에 들어갔었느냐 우박 창고를 보았느냐? (38:22) 누가 홍수를 위하여 물길을 터 주었으며 우레와 번개 길을 내어 주었느냐? (38:25) 비에게 아비가 있느냐 이슬방울은 누가 낳았느냐? 얼음은 누구의 태에서 났느냐 공중의 서리는 누가 낳았느냐? (38:28, 29)
> 네가 묘성을 매어 묶을 수 있으며 삼성의 띠를 풀 수 있겠느냐? 너는 별자리들을 각각 제 때에 이끌어 낼 수 있으며 북두성을 다른 별들에게로 이끌어 갈 수 있겠느냐? (38:31, 32)

가슴 속의 지혜는 누가 준 것이냐 수탉에게 슬기를 준 자가 누구냐? (38:36) 네가 능히 줄로 매어 들소가 이랑을 갈게 하겠느냐 그것이 어찌 골짜기에서 너를 따라 써레를 끌겠느냐? (39:10) 말의 힘을 네가 주었느냐 그 목에 흩날리는 갈기를 네가 입혔느냐? (39:19)

하나님의 음성은 천지를 호령하신다. 그분의 한없이 거룩하시고 위대하심 앞에서 욥은 숨이 멎을 지경이다. 하나님과의 전격적인 대면(對面)으로 욥의 가슴은 놀라서 뛰고 온몸이 떨리는데, 하나님께서는 더욱 위엄에 찬 음성으로, '너는 아직도 전능자와 논쟁하려 하느냐? 나, 하나님을 비난하는 사람은 대답하여라.' 하시며 욥의 답변을 요구하신다. 욥은, '보소서 나는 비천하오니 무엇이라 주께 대답하리이까. 손으로 내 입을 가릴 뿐이로소이다.'라고 겨우 대답한다. 거룩하신 하나님 앞에서 감히 말하기도 두려워서 떨고 있다. 하나님은 다시 '대장부처럼 허리를 묶고 내가 네게 묻겠으니 내게 대답'할지니라 하시며, 욥의 교만함을 꼬집는 질문을 던지신다. (40:8-14)

'네가 나보다 더 의로우냐. 네가 하나님처럼 능력이 있고 천둥같은 소리도 내겠느냐? 그렇다면 존귀와 위엄과 영광으로 스스로 꾸미고 인간들을 향해 진노를 발해 보라. 하나님이 진노를 발하셔서 그들을 다스리는 것처럼, 너의 꾸짖음으로 교만한 자들이 겸손해지고, 악인들은 숨을 거두게 해 보라. 그렇게 되면, 내가 너를 너 자신하나 정도는 구원할 수 있는 구원자로 인정하리라.'

하나님이 나타나시기 전에, 욥은 자신이 당하는 고난의 부당함에 대해 여러 가지 말로 항의를 했었다. 이에 대해 하나님께서는 단도직입적으로 말씀하신다. "네가 나보다 의로우냐~!"라고. 하나님에 대한 불평은 곧 그분이 공정하지 않거나 의롭지 않음을 비판하는 말이 된다는 것을 알라는 의미이다. 하나님께서는 진노를 통하여 욥을 다스리신다. 그의 꾸짖음은 교만한 자를 겸손하게 한다. 그게 하나님의 권능이시다. 하나님께서는 하마와 악어에 대한 진술을 통해 인간 욥이 얼마나 연약하고 볼품없는 존재인지 넌지시 알려주시고(41장), 이에 대해 욥은 머리를 조아리며 떨리는 목소리로 아뢸 뿐이다.

> 주께서는 못 하실 일이 없사오며 무슨 계획이든지 못 이루실 것이 없는 줄 아오니 무지한 말로 이치를 가리는 자가 누구니이까. 나는 깨닫지도 못한 일을 말하였고 스스로 알 수도 없고 헤아리기도 어려운 일을 말하였나이다. 내가 말하겠사오니 주는 들으시고 내가 주께 묻겠사오니 주여 내게 알게 하옵소서. 내가 주께 대하여 귀로 듣기만 하였사오나 이제는 눈으로 주를 뵈옵나이

다. 그러므로 내가 스스로 거두어들이고 티끌과 재 가운데에서 회개하나이다. (욥 42:2-6)

욥은 고난 중에서 지혜로운 깨달음들을 피력하기도 했었다. 그러나 위대하신 하나님 앞에서 욥은 자신의 어리석음에 대한 인식만이 확실해진다. 지금 욥의 모든 지각은 자신이 죄인임을 절감하기에 바빴고, 그동안 겪은 고통의 이유를 묻는 것과 같은 불손한 짓은 감히 상상도 할 수 없는 일이 되었다. 아니, 그 간의 고통은 다 잊어버린 바가 된 것이다. 하나님의 영광의 광채를 보면서 그의 모든 고통이 말끔히 사라지고 그의 살은 아기 피부처럼 회복되었다. 하나님을 뵙는다는 것은 이토록 모든 고생에 대해 충분한 보상이 되고도 남음이 있다.

・・・

욥의 회복과 교훈

욥의 문제가 해결되자 하나님께서는 세 친구에 대한 문제를 거론하신다. 그들이 욥과는 달리 하나님에 대해 잘못 말한 죄에 대해 책망하신다. 그들은 하나님의 진노하심을 풀기 위해 서둘러 제물을 가지고 욥에게 온다. 욥이 드리는 제사라야 하나님께서 기쁘게 받으신다고 했기 때문이다. 욥은 친구들을 용서하고 또 그들을 위해 하나님께 기도한다. 여호와께서는 그를 다시 번성케 하셔서, 그에게 전보다 두 배나 많은 복을 주신다. 그의 모든 형제와 자매와 이전에 알던 이들이 다 와서 그의 집에서 그와 함께 음식을 먹고 그를 위로하고 돈과 금고리를 준다.

> 여호와께서 욥의 말년에 욥에게 처음보다 더 복을 주시니 그가 양 만 사천과 낙타 육천과 소 천 겨리와 암나귀 천을 두었고 또 아들 일곱과 딸 셋을 두었으며……. 모든 땅에서 욥의 딸들처럼 아리따운 여자가 없었더라. 그들의 아버지가 그들에게 그들의 오라비들처럼 기업을 주었더라. 그 후에 욥이 백사십 년을 살며 아들과 손자 사 대를 보았고 욥이 늙어 나이가 차서 죽었더라.
>
> (욥 42:12-17)

「욥기」는 의인 욥의 위대한 승리에 대한 이야기다. 욥의 행적을 보면 그만큼 정직하고 의로운 사람을 찾기 힘들 정도로 특별하다. 아울러 그의 연단도 특별했다. 그만큼 큰 고통을 받은 사람이 있을까. 오늘날 우리가 겪는 고통은 그보다 훨씬 미약한 수준이건만 우리의 신음소리는 더 처량하고 우리의 아우성은 더 요란하다. 또 스스로 연민의 마음은 얼마나 지극한지, 굳이 사탄이 공격하지 않아도 저절로 무너져버린다. 이처럼 많은 사람이 매일 힘들다고 신음하고 작은 고통에도 불평하는 것을 볼 때마다 하나님께서는, '내

종 욥을 보라'고 하지 않으실까. 우리들의 욥과 같지 않음에 대해 날마다 안타까워하고 계시지 않을까.

  모든 사람의 본(本)으로 삼기 위해 하나님께서는 욥에게 전무후무한 시련을 겪게 하셨고, 생명의 위협을 느끼면 하나님을 저주하게 되리라 예상했던 사탄의 궤계를 무너뜨리며 승리하게 하셨다. 사단은 이 싸움에서는 잃을 것이 없다는 계산으로 하나님께 무례히 요구하며 이 일을 도모했으나 하나님께서는 욥의 승리를 통해 영광을 받으시고 사단에게는 처절한 패배를 안겨준다. 인간으로서 견딜 수 있는 한계지점인 죽음 직전에까지 다다르자, 하나님이 전격적으로 나타나셔서 욥을 구원하셨다. 우리가 감당하지 못할 시험은 결코 허락하지 않으시는 하나님께서 그런 시련을 허락하신 것은, 욥이 그 정도는 견뎌줄 것이라는 믿음이 있었기 때문이다. 욥은 하나님의 기대에 부응하며 견뎌냈고, 승리했다. 하나님께서 욥을 통해 영광을 받으셨다.

  욥처럼 복을 받은 사람도 드물다. 거룩하신 하나님을 대면하여 뵈었으니 말이다. 하나님께서 그저 한 말씀만 해주셔도 은혜가 넘치건만 욥에게는 얼마나 많은 것들을 말씀하셨던가! 천지를 지으시고 운행하시는 그분의 위대한 역사의 대서사시를 욥은 직접 들었다. 그것은 의인이면서 고난을 당한 인물로서 성공한 첫 사례라서 누리는 특혜는 아닐는지. 오늘날에도 혹시 욥처럼 의인이면서 고난을 겪는 성도가 목숨처럼 신앙을 잘 지키고 승리하면, 하나님께서는 그에게도 나타나셔서 대서사시(敍事詩) 같은 말씀을 들려주실까? 아니면, 그 말씀들이 욥기에 다 있으니까, 아무래도 그냥 욥기를 보라고 하지 않으실까.

「욥기」는 그런 책이다. 거기에는 믿음의 승리자들에게 주시는 훈장(勳章) 같은 하나님의 귀한 말씀이 있으며, 연단을 받고 있는 오늘날의 '욥'들에 대한 승전보를 고대하시는 하나님의 소망이 있다.

11

예수님의 족보와 탄생

보라 처녀가 잉태하여 아들을 낳을 것이요 그의
이름은 임마누엘이라 하리라 하셨으니 이를 번
역한즉 하나님이 우리와 함께 계시다 함이라
_마1:23

족보에 나타난 시대적 구분

아브라함부터 다윗까지가 모두 14대요, 다윗부터 바벨론으로 잡혀갈 때까지가 모두 14대요, 바벨론으로 잡혀간 때부터 그리스도께서 태어나신 때까지가 모두 14대입니다. (우리말성경, 마 1:17)

마태복음 1장은 아브라함의 후손이며, 다윗의 후손인 예수 그리스도의 족보(族譜)다. 아브라함에서 예수님까지를 세 시대로 구분하고 있는데, 이상하게도 8절에서 요람과 웃시야 사이에 아하시야, 요아스, 아마샤 왕이 생략되어 있다. '요람이 웃시야를' 낳은 것으로 기록되어 있기 때문이다. 3명의 왕을 생략한 이유가 뭘까? 그것은, 시대를 셋으로 나누는 구분 지점을 반드시 '다윗'과 '바벨론으로 잡혀갈 때'로 하기 위해서이다. 구분 지점을 그렇게 해야만 의미 있는 시대별 분류가 되기 때문에 의도적으로 생략한 것이다. 그렇다면 이와 같은 기준으로 분류한 각 시대들은 어떠한 의미를 갖고 있는가?

첫 번째 시대인 '아브라함부터 다윗까지의 14대'는 하나님께서 이스라엘에게 약속한 것을 성취해가는 과정에 대한 시대구분이다. 아브라함에게 하신 약속이 다윗시대에서야 이뤄진 것이다. 가나안 땅을 아브라함과 그 후손에게 주려고 하신 하나님의 계획은 아브라함을 통해 드러난 인간의 완악함을 훈련하기 위해 애굽 종살이 400여 년 이후로 연기되었고, 그 후 이스라엘 백성들의 불순종으로 광야에서 40여 년을 허비하였으며, 사사 시대의 영적 혼돈 가운데 또 수백 년간 지체된다. 그 후 왕을 요구하는 백성들의 무례함이 하나님을 진노하게 했고, 결국 하나님이 보시기에 왕으로 합당한 다윗에 이르러서야 그 약속이 성취된 것이다. 하나님께서 모든 싸움에서 다윗이 이기게 하심으로 가나안 땅을 모두 정복하게 된다.

그리고 다윗은 전심으로 하나님을 섬김으로 인해 "네 집과 네 나라가 내 앞에서 영원히 보전되고 네 왕위가 영원히 견고하리라."(삼하7:16) 하는 하나님의 약속을 받는다. 그러나 왕들과 이스라엘 백성의 타락으로 말미암아 그 복을 오래 누리지 못하고, 바벨론의 포로로 끌려가면서 파기될 위기를 맞는다. 두 번째 시대인 '다윗부터 바벨론으로 끌려간 때까지 14대'는 이스라엘이 하나님과 점점 멀어져가는 배반의 역사에 대한 시대구분이다. 다윗 시대에 이스라엘이 왕정국가로서 견고히 세워지고 그 아들 솔로몬왕 시절에 영토를 확장하며 최고의 전성기를 누리지만 그 영광은 이것으로 끝이었다. 이후로 끝없는 쇠락의 길을 걸었으며, 가끔 선왕들의 등장으로 회복을 꿈꾸지만, 하나님의 진노를 풀어드리기에는 역부족이어서 크게 심판받고 포로로 끌려가는 신세가 되는 것이다.[24]

그러면 세 번째 시대인 '바벨론으로 끌려간 때부터 그리스도가 태어난 때까지 14대'는 어떤 세월일까? 바벨론에서 이스라엘 백성들은 70년 동안 포로 생활을 한 후에 그들의 일부가 이스라엘로 돌아오게 되는데, 그들은 여전히 여호와에 대한 신앙을 유지하고 있는 자들이었다. 그들에 의해 예루살렘에 성전을 다시 세우며 이스라엘의 회복을 꿈꾸지만, 그들마저 타락하며 큰 위기에 처한다. 지도자를 포함한 많은 유대인들이 이방 여인들과 통혼(通婚)하고, 성전을 제대로 돌보지 않으며 하나님 섬기기를 귀찮아하는 죄 탓에 이스라엘은 다시 버려진다. 이것은 이스라엘의 전(全) 역사에 걸쳐 하나님께 거역한 모든 죄에 대한 심판이었다. 하나님께서는 그 후 400년간이나 침묵하신다. 이제 이스라엘은 더 이상 제사장 국가도 아니고, 그들은 하나님의 백성도 아닌 것이 되는 순간이다.[25]

하나님께서는 말라기 선지자를 통해 '내가 모든 민족들 가운데서 영광을 받을 것이다. 곳곳마다 사람들이 향과 깨끗한 제물을 내게 바칠 것이다. 내가 모든 민족들 가운데서 영광을 받을 것이다.' (말1:11) 라고 선포하신다. 하나님은 이제 더 이상 이스라엘만의 하나님이 아닌 온 인류의 하나님이 되심을 분명하게 밝히는 것이다. 그리고 400년간 침묵하셨고 다윗 자손을 통해 구세주를 세상에 보내신다던 약속대로 아기 예수가 탄생하였다. 이 예수는 이스라엘만을 위한 구세주는 아니라 온 인류를 위한 구세주로 오신 것이다. '바벨론으로 끌려간 때부터 그리스도가 태어난 때까지 14대'는 이스라엘이 제사장 국가로서의 자격을 잃어가면서, 이스라엘을 향한 하나님의 묵시가 사라지고, 예수를 통해 전 인류 구원을 위한 새 역사의 시작에 대한 시대구분이다.

아브라함을 택해서 그를 통해 이스라엘 민족이 만들어졌고 그들을 훈련해서 이스라엘 국가를 세우셨다. 그리고 구세주이신 예수님은 다윗의 후손으로 이스라엘 땅에서 태어나시지만, 유대인만을 위한 구원자가 아닌 전 인류의 구원자로서 오신 것이다. 아브라함부터 예수님까지 약 40대의 기간에는 수많은 에피소드가 있다. 그중에서 메시야 족보의 대(代)를 이어가기 위한 하나님의 수고와 인간들의 순종 혹은 불순종에 관한 이야기 몇 가지를 들여다보겠다.

. . .

유다와 다말 이야기

유다는 야곱의 열두 아들 중 넷째 아들이다. 그가 장자의 복을 받는 과정을 보려면 그의 아비 야곱의 귀환 과정을 보아야 한다. 야곱이 하란에서 20년 훈련받고 귀향하면서 제일 두려운 것은 형에서와의 대면이었다. 이를 위해 야곱은 얍복강에서 애절한 기도를 드리면서 '이스라엘'이 되고, 형 에서와의 극적인 화해에도 성공한다(창 32~33장). 이후 야곱은 세겜에 머물렀다가 그의 딸 디나가 이방 남자에게 수치를 당했고, 레위와 시므온은 매우 잔인한 방법으로 세겜족에게 복수를 한다. 이에 대해 야곱은 "너희가 내게 화를" 끼쳤고, "나와 내 집이 멸망"하게 되었다고 분노한다(창 34:30). 야곱은 급히 세겜을 떠나 벧엘로 가서 제단을 쌓았고, 거기서 헤브론을 향해 가던 도중에 에델 망대 곁에 장막을 친다. 거기서 첫째 아들 르우벤은 아버지의 첩 빌하와 동침하였고 야곱도 이 일을 알게 된다(창 35:22). 이로써 야곱의 첫째 아들과 둘째, 그리고 셋째 아들이 모두 장자로서의 자격을 잃게 되고,[26] 넷째 아들인 유다가 물망에 오른 셈인데 그는 물론 이 일에 대해 알지 못한 채 살아간다. 야곱이 12아들을 데리고 헤브론에 정착해서 살 때에, 요셉이 노예로 팔리는 사건이 벌어진다. 야곱이 라헬과 사별하고 그녀가 낳은 요셉과 베냐민에게 사랑을 쏟고 있을 때였다. 그의 형제들이 요셉을 구덩이에 던져 넣고 굶어죽게 하려 할 때에 유다가 나서서, 요셉이 우리의 혈육이니 그를 저대로 두어 죽게 하지 말고 차라리 지나가는 미디안 상인들에게 팔자고 설득하여 요셉의 목숨을 살리는데 기여한다.

목숨은 간신히 살렸으나 타국인의 손에 팔려서 멀리 떠나게 되었으니 그 목숨을 어떻게 보장하겠는가. 유다는 이 일로 고민하다가 형제들 곁을 떠난다. (유다가 이 일에 관련하여 얼마나 고심했는가 하는 것은 이로부터 수십 년 후의 사건에서 드러난다. 애굽으로 식량을 구하러 가서,

베냐민이 위기에 처하자 유다는 전면에 나서서 처절하게 호소한다. 감히 애굽 총리에게 간청하는 것은 죽음을 각오해야 하는 일이었으나, 그는 베냐민은 부디 살려 보내고 그 대신 자신을 종으로 삼아달라고 간청한다. 창세기 44장19~34절에 나오는 장문의 호소는 유다의 아버지에 대한 진심어린 효심과 요셉의 일로 인한 그의 오랜 고뇌가 잘 드러난다)

가족의 곁을 떠난 유다는 괴로움을 잊기 위해 서둘러 가정을 이루었고 세 아들을 낳는다. 다른 형제들이 요셉을 죽이려고 할 때, 요셉을 구덩이에서 건져내어 목숨을 연명하도록 하는 일에 앞장을 섰으므로 유다는 장자로서 일단 합격점을 받았다. 그리고 결혼하여 아들을 셋이나 두었으니 대(代)를 잇는 일도 잘하고 있는 셈인데, 뜻밖에도 장자가 죽어버린다. 장자 '엘'이 다말과 결혼하고 후손도 없이 죽어버렸으므로, 당시의 풍습에 따라 동생 '오난'이 형의 후사를 잇는 책임이 있었으나 그것을 거부하여 하나님께 죽임을 당한다. 막내 셀라는 아직 어리므로 유다는 며느리인 다말을 친정으로 보내서 기다리도록 한다. 그러나 셀라가 장성하여도 며느리 다말을 부르지 않았다가 유다는 보기 좋게 복수를 당한다. 다말이 창녀로 변장하여 시아버지를 속여서 자식을 잉태한 것이다. 그런데 유다는 자신을 곤경에 빠트리게 한 며느리 소행을 알고 난 뒤에 다말을 향해 화를 내거나 저주하지 않는다. 유다는 "그 애가 나보다 옳다. 내가 내 아들 셀라를 주기로 약속하고도 약속을 지키지 않으니 그 애가 이런 일을 한 것이다."
라고 말하며 모든 것을 자신의 잘못으로 돌리고 있다. 오늘날 우리의 소견으로 보기에는 매우 황당해 보이는 사건인데도 당사자가 징계를 받지 않은 것은 그 사건의 배후에 중요한 의미가 있기 때문이리라.

하나님께서는 유다의 형들이 악을 행하는 것을 보시고, 일찍이 유다를 장자로 택하셨다. 그래서 유다의 집에 대(代)를 잇는 일에 관심을 두고 살펴보신다. 유다의 맏아들이 자식도 없이 사망하는 사태가 발생하였으므로, 유다의 둘째 아들을 통해 장자의 후사를 잇도록 해야 했다. 이것은 매우 중요한 일이었으므로, 하나님께서는 그의 사자(使者)들을 긴급하게 보내어 둘째 아들에게 '형의 후사를 잇는 일의 중요성'에 대해 깨우쳐준다. 그 소리는 양심의 소리처럼 분명하게 울리건만, 그는 재산 분배에 대한 욕심으로 악을 행하다 벌을 받아 죽고, 이후의 책임은 유다에게 넘어간다. 막내 셀라가 장성하면 즉시로 (친정에 가 있는) 다말을 불러들여 후사를 잇도록 해야 하는 것이다. 하나님의 사자들은 유다의 집을 향해 '속히 대를 잇도록 하라'는 명령을 선포하며 유다의 마음을 감동시키고 있건만 유다는 그의 마음에서 양심의 소리처럼 들리는 하나님의 음성을 무시하며 세월을 보낸다. 대(代)를 잇는 일을 소홀히 하는 그의 무기력한 생활은 요셉 사건과 무관(無關)하지 않다. 아버지의 가장 사랑하는 자식을 잃게 한 죄로 자신의 맏아들과 둘째 아들을 잃었다고 판단한 유다는 이제는 셋째 아들마저 잃을지 모른다는 두려움 때문에 장자의 후사를 잇는 일에 전념할 수 없었다.

그의 계속적인 거부로 인해 유다를 향해 선포되던 천사들의 소리는 다말에게 전해진다. 그 당시에 자식도 없이 과부로 사는 것은 지극히 비참한 일이기에, 삶에 대한 집착이 강한 그녀가 자식을 간절히 원한 것은 당연한 일이다. 그런데 아무리 기다려도 소식이 없자 섭섭한 마음이 들었고, 거기에 천사의 음성이 전해지자 사태는 불난 집에 기름 부은 격이 된다. 그녀는 오직 후사를 잇기 위해 물불을 안 가리게 되고, 거기에 시아버지에 대한 복수심까지 더해지면서 그 일을 감행하게 된 것이다. 마침 아내를 잃고 마음이 허전해 있던 유다를 유혹하는 것은 쉬운 일이었다. 이때, 유다는 망신스러운 사태가 초래되었는데도 며느리를 책망하지 않고, 오히려 자신의 잘못을 시인하였다. 만일, 이 사건에서 유다가 난폭한 행동을 하거나 불미스런 행동을 보였다면 그도 장자의 축복에서 제외되었을 것이다. 유다는 이렇게 위기를 잘 넘겼고, 이후에 늙은 아버지를 잘 섬기며 살다가 그의 임종 직전 축복기도를 통해 장자의 복을 받는다.

유다는 사자 새끼로다 내 아들아 너는 움킨 것을 찢고 올라갔도다. 그가 엎드리고 웅크림이 수사자 같고 암사자 같으니 누가 그를 범할 수 있으랴. 규가 유다를 떠나지 아니하며 통치자의 지팡이가 그 발 사이에서 떠나지 아니하기를 실로가 오시기까지 이르리니 그에게 모든 백성이 복종하리로다. 그의 나귀를 포도나무에 매며 그의 암나귀 새끼를 아름다운 포도나무에 맬 것이며 또 그 옷을 포도주에 빨며 그의 복장을 포도즙에 빨리로다. 그의 눈은 포도주로 인하여 붉겠고 그의 이는 우유로 말미암아 희리로다(창 49:9-12).

돌이켜보면, 유다의 가족들은 대(代)를 잇기 위한 노력만 했어도 하나님께 큰 복을 받을 수 있었다. 유다의 자손을 통해 메시야가 오시기로 했으니 말이다. 그러나 두 아들들은 그런 놀라운 계획을 상상도 못 하고 악행을 하다가 죽음을 자초했고, 다말은 가장 무지한 자 같으나 대(代)를 잇는 일에 공헌했다. 그러나 다말과 같은 행위가 다시는 용납될 수 없는 일인 것은 당연하다. 메시야가 육신을 입고 이 땅에 오는 일은 더 이상 없으므로, 그렇게 무모한 방법으로 대를 이어야 할 이유나 명분도 더 이상 존재하지 않기 때문이다.

구약시대에 인간을 향한 하나님의 명령은 주로 그의 사자들을 통해서 전달된다. 그래서 천사들이 하나님의 명령을 선포하면 그것이 양심의 소리처럼 들린다. 그러나 그의 마음이 완악하거나 다른 생각으로 가득 차 있으면 그 소리가 들리지 않는다. 혹시 들리더라도 희미하게 들려서 행동으로 옮기지 못하고, 차일피일 미루며 불순종의 세월을 보내기 쉽다. 즉시 순종했으면 더 쉽고 보기에도 좋았을 것을, 명령을 거부하며 세월을 허비하다가 결국에는 온갖 수치와 곤란을 다 겪은 다음에서야 부득불 순종하게 되는 것이다.

이것은 마치 다음과 같이 비유할 수 있다. 예를 들면, 화분에 심어있는 나무의 가지를 휘어서 묶어 놓은 채 물과 영양분을 공급해준다고 가정하자. 영양분이 잘 공급되므로 그 나무는 쑥쑥 잘 자라기는 하는데, 가지가 여기저기 묶여 있다 보니 울퉁불퉁하고 비뚤어진 모습으로 자라게 될 것이다. 여기서 나무의 모습은 우리의 마음의 상태이고, 물과 영양분은 하나님의 명령이다. 우리 마음이 순종하는 자세로 똑바로 있으면 나무가 곧게 자라는 것처럼 하나님의 뜻이 우리를 통해 아름답게 펼쳐진다. 하지만, 순종하지 않고 삐딱해 있으면 우리의 형편과 처지가 매우 볼썽사나워진다. 나무가 묶여 휘어진 채로도 자라기는 하는 것처럼, 우리가 아무리 거부해도 하나님의 뜻이 결국에는 성취되긴 하는데 그 과정에는 우리가 매우 곤란하고 부끄러운 상황을 겪게 된다. 유다가 부끄러운 일을 겪으면서 메시야의 대(代)를 잇는 하나님의 뜻이 성취된 것처럼.

보아스와 룻의 결혼

사사 시대에 나오미의 가족은 베들레헴의 가뭄을 피해 모압 땅으로 갔는데 거기서 나오미의 남편과 두 아들이 죽는다. 나오미는 과부가 된 두 며느리를 그들의 고향에 보내려 했으나 시어머니를 따르고자 하는 룻의 신념은 확고했다.

> 룻이 이르되 내게 어머니를 떠나며 어머니를 따르지 말고 돌아가라 강권하지 마옵소서 어머니께서 가시는 곳에 나도 가고 어머니께서 머무시는 곳에서 나도 머물겠나이다 어머니의 백성이 나의 백성이 되고 어머니의 하나님이 나의 하나님이 되시리니 어머니께서 죽으시는 곳에서 나도 죽어 거기 묻힐 것이라. (룻 1:16-17a)

룻은 시어머니를 따라 유대 땅 베들레헴으로 오게 된다. 모든 것을 잃고 고향으로 돌아온 나오미는 룻이 이삭줍기해오는 것으로 끼니를 잇는 신세가 된다. 효심이 지극한 룻의 행실은 베들레헴의 유력한 자요, 나오미 남편의 친족인 보아스에게도 알려진다. 그는 룻을 긍휼히 여기고 자신의 밭에서 룻이 이삭줍기를 넉넉히 할 수 있도록 배려해준다. 그 사실을 알게 된 시어머니 나오미는 룻에게 계속해서 보아스의 밭에서만 이삭을 줍도록 지시한다. 그것은 룻을 보아스의 눈에 들도록 하려는 것이었는데, 그러다가 어느 날 나오미는 룻에게 다소 황당한 일을 명령한다. 그것은 '보아스가 타작마당에서 자는 날, 그가 잠자리에 들면 그가 누운 자리를 눈여겨보아 두었다가 그리로 가서, 그의 발치 이불을 들고 들어가서 누우라.'는 것이었다. 그러면 보아스가 룻의 할 일을 일러 줄 것이라면서. 룻은 늘 그렇듯이 시어머니의 말씀대로 순종한다. 그 일은 자칫 룻을 정숙하지 못한 여자로 낙인찍힐 수도 있는 일이었건만, 보아스의 배려로 그런 불상사는 일어나지 않았고, 오히려 보아스의 마음을 움직이는 결정적인 계기가 된다. 보아스는 룻이 얼마든지 젊은 남자에게 시집갈 수도 있건만, 나이 많은 자신을 택해준 것에 대해 진심으로 고마워하고 감격한다.

> "내 딸아 여호와께서 네게 복 주시기를 원하노라 네가 가난하건 부하건 젊은 자를 따르지 아니하였으니 네가 베푼 인애(仁愛)가 처음보다 나중이 더하도다." (룻 3:10).

보아스는 나오미 남편의 친척으로서 '기업 무르는 제도'의 절차를 성실하게 수행하며 룻을 아내로 맞이하기 위해 애쓴다. 그래서 그들에게서 오벳이 나왔고 오벳은 이새를 낳고 이새는 다윗을 낳는다. 룻이 메시야의 족보에 오르게 된 것이다.

사사기 17장에는, 유다의 베들레헴에 속한 레위인이 거주할 곳을 찾고자 여기저기 떠돌다가 에브라임 산지에 이르러 거기 미가 산당의 제사장이 된 이야기를 전한다. 그가 하나님이 정해준 성읍을 떠나 개인이 세운 산당의 제사장이 된 이유는 오직 양식(糧食) 때문이다. 이와 같은 사사시대, 레위인들도 먹고 살기 힘들어지자 자신이 속한 성읍을 떠나 이리저리 떠돌던 시절에, 오직 하나님을 섬기기 위해 아무것도 없는 시어머니를 따라 베들레헴으로 온 이방 여인 룻. 룻기는 그녀의 단순한 사랑 이야기가 아니라, 믿음의 승리에 관한 아름다운 이야기이다. 나오미와 룻, 그리고 보아스. 세 사람의 겸손과 순종적인 자세로 인해 그 혼란한 사사 시대에도 이와 같이 아름다운 이야기가 있었음을 성경이 우리에게 전해준다.

다윗은 우리야의 아내에게서 솔로몬을 낳고

　솔로몬을 낳은 여인은 밧세바이다. 솔로몬과 밧세바는 불법한 사이로 만났으며, 우리야의 죽음 이후에 다윗은 밧세바를 아내로 맞아들인다. 그 과정에서의 부끄러운 사건들은 성경에 매우 자세하게 기록되는데, 여기에서도 밧세바는 '우리야의 아내'라고 명확하게 언급된다. 다윗에게는 여러 아내가 있는데 그중에서 왜 밧세바를 통해 솔로몬과 같은 귀한 아들을 주셨을까? 다윗의 첫사랑인 미갈이나 지혜로운 여인인 아비가일 같은 아내의 아들이었으면 모양새가 좋았을 텐데 말이다. 결론적으로 말하자면, 다윗이 귀한 아들을 얻는 조건에서 그의 아내들은 중요하지 않아 보인다. 그와 하나님과의 관계가 결정적인 역할을 한 것이다. 앞에서도 언급한 바와 같이, 다윗이 솔로몬을 얻은 시기는 바로 그가 철저한 회개의 무릎을 꿇던 시기였다는 것이다. 다윗이 가장 겸손하고 낮아져 있던 시기에 하나님은 그를 가장 긍휼히 여기셨으며, 솔로몬 같은 귀한 아들을 주신 것이다. 다윗의 대를 이어받으며 이스라엘을 부흥시킬 왕의 재목으로. 즉, 다윗은 그의 온전한 회개와 겸손으로 인해 자신의 대를 이을 만한 귀한 아들을 얻게 되었다는 것이다. 아들이 많으니까 대를 이을 걱정은 하지 않아도 되는 다윗이었지만, 그가 이뤄놓은 큰 과업들을 잘 이어받아 지킬만한 재목이 되는 귀한 아들을 얻는 것은 그의 회개사건을 통해 가능했던 것이다.

· · ·

족보_하나님의 관점

예수님의 족보는 이 땅에 예수를 보내시기 위해 애쓰시는 하나님의 지난(至難)한 세월의 기록이다. 장자(長子)로 세워주고 그의 가문을 통해 이 땅에 오실 메시야를 위해 준비하도록 격려하셨건만, 오히려 악을 행하며 어긋난 길로 간 자의 수(數)가 얼마였던가! 그로 인해 하나님께서는 또 얼마나 분주히 살피며 수고하셔야 했던가! 또, 장자가 아닌 자를 장자로 세워주기 위해선 더 특별한 수고를 감내해야 하셨으니. 계보에 이를만한 순종을 보여준 자녀들은 하나님 보시기에 얼마나 기특했을까. 그래서 그들은 일반적인 통념을 깨트리고 선택된 자가 되어 예수님의 족보에 이름을 남긴다. 우리는 늘 외모로만 보려고 하지만, 마음의 중심을 보시는 하나님의 시각은 마태복음 1장의 족보에서 더욱 밝히 드러난다.

· · ·

침묵기 400년의 의미

구약의 말라기를 끝으로 이스라엘을 향한 하나님의 계시(啓示)는 더 이상 나타나지 않는다. 이로부터 예수가 탄생하기 전까지의 기간인 400년간을 침묵기 혹은 암흑기라도 한다. 그렇다면 이 '400년간의 침묵기'는 어떤 의미가 있을까?

하나님께서 침묵하게 된 이유는 말라기서에 드러난 것처럼 이스라엘의 하나님에 대한 철저한 배신 때문이었다. '그들은 하나님을 업신여기고, 제단에 부정한 제물을 가져가고, 하나님을 섬기는 것을 번거로워하고 무익한 일로 여겼다.' 이것은 이스라엘의 전(全) 역사(歷史)에 대한 하나님의 총평이다. 이스라엘 역사의 처음부터 말라기 선지자 시대에 이르기까지의 이스라엘의 부정(不正)과 악행에 대한 결론이다. 그래서 이스라엘은 더 이상 제사장 국가가 아닌 것이 된다. 그리고 온 인류의 구원자로서 예수를 이 땅에 보내기 위한 준비가 시작된다. 아기 예수는 성경에 약속한 대로 다윗의 후손으로 이스라엘 땅에서 태어나지만, 유대인만의 구원자는 아니시다. 400년간의 침묵기는 바로 예수를 온 인류의 구원자로 보내시기 위한 준비이기도 하다.

400년 동안이나 하나님의 계시가 없다면 이스라엘의 영적 상태는 어떻게 될까? 그것은 이방 민족들과 별반 다를 것이 없게 되는 것이다. 하나님에 대해 무지(無知)한 정도가 그렇고, 구세주에 대한 생각의 수준이 그렇다. 그것은 사사 시대의 영적 상태를 통해 충분히 짐작할 수 있다. 300년간의 사사 시대 동안 12명의 크고 작은 사사들이 그들을 다스렸지만, 사사가 없을 때마다 그들은 각자 소견대로 행하며 멸망의 길로 갔고 하나님을 잊었다. 이스라엘 백성들이 영적으로 죽을 지경이 될 때마다, 하나님께서 사사들을 보내서 구원해주셔서 그들은 간신히 살아났다. 그런 큰 구원의 사건이 7번 이상 있었기에 그들은 300년 동안 근근이 하나님의 백성으로서의 명맥을 유지할 수 있었다. 그것은 분명히 이스라엘의 영적 수준이고 한계였다.

하물며 400년 동안이나 하나님의 계시가 없다면, 그래서 참 선지자나 예언자도 전혀 없다면 이스라엘은 어떻게 되겠는가. 하나님에 대해 한없이 무지해지는 것이다. 이방인들처럼 말이다. 더군다나 400년의 침묵기 동안 이스라엘은 주변 강대국들로부터 끝없는 외침에 시달려야 했다. 강대국의 침략과 착취로 인해 많은 유대인들은 세계 곳곳으로 흩어졌다. 이 시기에 유대인의 정신적 바탕이 되어 그들을 결속시켜 주며 국가를 지탱하게 한 힘은 바로 모세의 율법이었다. 그러나 하나님의 계시가 없기에 깨달음도 없어서, 그들의 율법에 대한 해석은 지극히 편협한 쪽으로 치닫는다. 율법의 율례와 규범들이 너무 확대되어서 백성들로서는 도저히 지키기 힘든 무거운 짐이 되어버린다. 그렇게 곡해된 율법을 통해서 하나님을 만나기는 더욱 어려워지고, 이방인을 향해서는 더욱 무섭게 정죄하는 칼날이 된다. 그들은 이방인에 대한 적개심을 불태우며 '선민의식'으로 인해 갈수록 교만해진다.

그래서 신약의 많은 부분에서 나타나는 율법에 대한 부정적인 표현은 400년 침묵기에 그들의 소견대로 해석하고 변형시킨 바로 그 율법에 대한 비판이다. 400년간의 침묵기 동안에 온 세상은 이스라엘이나 이방 민족이나 영적으로 비슷한 상태가 되었다. 그런 공평한 조건에서 모든 열방의 구원자로서 예수님이 등장하신 것이다. 그래서 이 땅에 오신 예수님에 대한 유대인들의 거부감이나 불신은 하나님을 전혀 모르는 사람들의 그것과 별반 다르지 않았다. 그야말로 예수님이 이스라엘 땅에서 태어나셨다고 해서 그것이 그들에게 어떤 특혜를 제공하는 것은 아니었으며, 매우 공평한 조건에서 인류의 구세주로 인간들에게 오신 것이다.

· · ·

처녀가 잉태하여 아들을 낳다

'보라, 처녀가 잉태하여 아들을 낳으리라'(사7:14)는 성경의 예언대로 동정녀 마리아를 통해서 아기 예수가 태어난다. 장성한 모습으로 하늘로부터 구름 타고 내려왔더라면 간단할 수도 있건만, 굳이 아기 예수로 오셨을까? 거룩하신 하나님이 왜 여인의 몸에 잉태되었다가 탄생하는 방식을 택했을까? 그것은 구세주 예수님의 지극히 겸손하신 모습을 보여준다. 또 여인의 태를 통해 메시야가 이 땅에 오심으로 인해, 생명을 잉태하고 출산하는 여성의 역할이 얼마나 복된 일인지 알려주기도 한다. 마리아가 처녀의 몸으로 아기 예수를 낳았다는 것이 전적으로 믿어지는 성도들은 참으로 복된 사람들이다. 그런데 성도이면서도 그것이 믿어지지 않는 사람은 어찌할까?

그는 혹시, 하나님이 사람을 흙으로 지으신 것은 믿는가? 그걸 믿으면서도 동정녀의 몸에 생명이 잉태되게 하는 성령의 능력을 믿지 못하는가? 그 사람은 이것을 믿고 저것도 믿어야 할 것이며, 혹시 믿음이 부족하거든 하나님께 구해야 할 것이다. 그러면 주시리니.

아기 예수의 탄생

드디어 아기 예수가 베들레헴의 어느 말구유에서 탄생하는 날, 천군이 천사들과 함께 하나님을 찬양한다.

> 지극히 높은 곳에서는 하나님께 영광이요 땅에서는 하나님이 기뻐하신 사람들 중에 평화로다(눅 2:14).

성전에서 시므온은 성령으로 충만해져서 아기 예수를 팔에 안고 하나님께 찬양한다.

> 내 눈이 주의 구원을 보았사오니 이는 만민 앞에 예비하신 것이요 이방을 비추는 빛이요 주의 백성 이스라엘의 영광이니이다 (눅2:30-32).

아기 예수가 이 땅에 오시는 날, 하늘의 모든 천군 천사들과 이 땅의 기도하는 사람들은 하나님을 찬양했다. 이 땅의 백성들을 돌보시기 위해 하나님께서는 수시로 천군 천사들을 동원하신다.

특히 아브라함과 다윗의 후손으로 예수님이 오시기까지 대(代)가 끊길 뻔한 위기가 있을 때마다 하나님께서는 분주하게 움직이셨고, 하늘에서는 여호와의 회의가 열렸었다.

1) 알프레드 J. 허트, 강대흥 역『고고학과 구약성경』미스바, 2003, 74쪽.

2) 위의 책, 84-85쪽.

3) 이 시기의 이름은 '아브람'이었으나, 편의상 '아브라함'으로 부르기로 한다. 이후에 하나님이 그의 이름을 '아브라함'으로 바꿔주신다.

4) 이 시기의 이름은 '사래'이었으나, 편의상 '사라'로 부르기로 한다. 이후에 하나님이 그녀의 이름을 '사라'로 바꿔주신다.

5) 성경은 데라가 70세에 아브라함과 나홀과 하란을 낳았고, 그의 나이 205세에 하란 땅에서 죽은 것으로 기록하고 있다(창11장). 그래서 아브라함이 75세에 하란을 떠났으므로, 그는 아직 생존해 있는 아버지 곁을 떠난 셈이 된다. 그러나 데라가 그의 세 아들 모두를 같은 해에 낳았다는 것은 해석하기에 어려운 점이 있다. 그리고 사도행전 7장에서 스데반은 이스라엘의 역사를 회고하면서, 아브라함이 하란에서 거할 때에 그의 아버지가 세상을 뜨자, 하나님께서 그를 가나안땅으로 옮기셨다고 적절하게 해석하고 있다. 아브라함이 하란을 떠날 때에, 그는 "아내 사래와 조카 롯과 그들이 모은 모든 재산과 하란에서 그들이 얻은 사람들을 데리고 가나안 땅을 향해(창12:5)" 떠났는데, 연로하신 아버지를 남겨두고 이렇게 모든 것을 가지고 떠났다고 보기에는 무리가 있기 때문에 스데반의 해석은 타당해 보인다. 아브라함이 아버지인 데라가 세상을 떠나고 없을 때, 그의 모든 소유를 가지고 그 땅을 떠난 것으로 보는 것이 무난할 것이다.

6) 하나님과의 대면은 물론 환상을 통한 만남이고 비몽사몽 간의 사건이다. 죄성을 가진 인간이 또렷한 이성으로 거룩하신 하나님과 대면할 수 없기 때문이다.

7) 하나님께서는 아브라함에게 접근하시면서 마치 "얘가 나의 계획을 못 믿으면 어쩌나?" 하고 고민이라도 하신 것처럼, 아브라함의 긍정적인 반응을 확인하자마자 반색을 하시며 그를 착하다고 칭찬하신다. 다시 인간을 향해 사랑을 시작하시는 하나님의 마음에 설렘과 기대감이 넘쳐있음을 보게 하는 대목이다. 아브라함은 하나님께서 그에게 복 주시려는 계획을 믿은 것만으로 하나님으로부터 의롭게 여김을 받았다. "아브라함이 여호와를 믿으니 여호와께서 이를 그의 의(義)로 여기시고"(창15:6)

8) 이런 계약 체결을 위해서는 먼저 짐승을 반으로 쪼개서 마주 보게 놓는 것이 선결 조건이다. 이것은 인간 사이에서도 중요하게 여기는 절차인데, 아브라함이 하나님과의 언약체결에서 그 과정을 소홀히 한 점, 그것은 분명 하나님을 만홀히 여긴 태도이며, 거룩하신 하나님을 진노하게 할 만한 일이다.

9) 하나님이 인간을 대면하는 장면은 꿈이나 환상을 통해서이며, 이때 인간의 의식은 비몽사몽의 상태가 된다. 진노한 하나님을 대면하는 것은 비몽사몽이라 할지라도 그 두려움이 매우 커서 아브라함의 마음은 매우 위축되고 떨리게 된다.

10) 가나안 주민인 아모리 족속들이 지금보다 더 악랄해진 다음에 가나안땅을 정복하는 일이 이스라엘 백성에겐 더욱 어려운 과제일 것이다. 애굽의 노예 생활과 광야 여정을 통해 충분히 순종적인 자세를 갖추어야만 가능한 일이었으리라. 애굽의 430년을 포함한 수백년 동안 아모리 족속은 충분히 악해졌으나, 이스라엘 백성의 자세는 충분히 순종적이 되었는가? 아브라함을 통해 드러난 '하나님의 명령을 소홀히 여기는 자세'가 이스라엘 백성들에게는 더욱 크게 드러났다. 그나마 아브라함은 훨씬 나았다는 점에서 그는 믿음의 조상으로 세워질 만했다.

11) 아무리 신령한 예언자라 해도 이런 체험을 여러 번 한다고 보기는 어렵다. 사도 바울이 삼층천에 갔다 온 것에 대해 함부로 말하기도 두려워한 것을 보아도 그것은 단 한 번의 체험일지라도 평생을 지배하는 놀라운 체험이며 벅찬 감격이다.

12) "이스라엘 왕이 여호사밧에게 이르되……. 이믈라의 아들 미가야 한 사람이 있으니 그로 말미암아 여호와께 물을 수 있으나 그는 내게 대하여 좋은 일로는 예언하지 아니하고 항상 나쁜 일로만 예언하기로 내가 그를 미워하나이다 하더라." (대하18:7)

13) "내 아들아, 그 저주는 내가 받을 테니 너는 그저 내가 시키는 대로만 하여라." (우리말성경, 창27:13)

14) 에서는 자기 아버지가 야곱을 축복한 일로 야곱에게 앙심을 품고 혼잣말로 말했습니다. "내 아버지를 위해 애도해야 할 때가 머지않았으니 때가 되면 내가 내 동생 야곱을 죽여 버릴 테다." 맏아들 에서가 한 말을 리브가가 들었습니다. (우리말성경, 창27:41-42)

15) "야곱이 라반의 아들들이 하는 말을 들은즉 야곱이 우리 아버지의 소유를 다 빼앗고 우리 아버지의 소유로 말미암아 이 모든 재물을 모았다 하는지라. 야곱이 라반의 안색을 본즉 자기에게 대하여 전과 같지 아니하더라."(창 31:1-2)

16) 가나안 땅에 입성한 후 레위지파를 제외한 11지파에게 땅이 분배되었고, 그 11지파는 레위인을 위해 48개의 성읍과 거기에 딸린 목축지를 내놓았다. 그 땅은 제사장 아론의 자손과 고핫 자손, 므라리 자손, 게르손 자손에게 분배되었다. 레위인은 거기서 거주하면서 영적인 문제와 분쟁을 중재하는 일을 했다. (수 21장)

17) 단지파에서 600명이 가나안 땅을 떠나 북쪽으로 가는데, 가나안 땅을 떠난 이유는 '그 땅을 잃어서(표준새번역, 수19:47)' 이거나 '그 땅이 좁아서(공동번역, 수19:47)'인 듯하다.

18) 여부스 지역은 당시 이스라엘 땅이 아닌 이방 지역이었으므로, 이 레위인은 이곳을 피해 기브아 쪽으로 간다. 여부스 지역은 후에 다윗이 점령하였고 지명을 예루살렘으로 바꾼다.

19) 하나님의 법궤가 다윗성으로 오는 날, 다윗은 크게 기뻐하며 춤을 추고 백성들과 큰 잔치를 열었다. 이때 다윗이 너무 기쁜 나머지 자신의 옷이 흘러내리는 것도 모른 채 춤을 추었는데, 이것을 본 미갈이 다윗을 향해 비웃었고 이 때문에 다윗은 분노하여 미갈과 멀어지게 된다. '다윗이 자기의 가족에게 축복하러 돌아오매 사울의 딸 미갈이 나와서 다윗을 맞으며 이르되 "이스라엘 왕이 오늘 어떻게 영화로우신지, 방탕한 자가 염치없이 자기의 몸을 드러내는 것처럼 오늘 그의 신복의 계집종의 눈앞에서 몸을 드러내셨도다." 하니 다윗이 미갈에게 이르되 "이는 여호와 앞에서 한 것이니라. 그가 네 아버지와 그의 온 집을 버리시고 나를 택하사 나를 여호와의 백성 이스라엘의 주권자로 삼으셨으니 내가 여호와 앞에서 뛰놀리라. 내가 이보다 더 낮아져서 스스로 천하게 보일지라도 네가 말한바 계집종에게는 내가 높임을 받으리라." 한지라.' (삼하 6:20-22)

20) 고대 왕들의 권한은 가히 제왕적 권한이라 할 수 있다. 그들의 권한 중에는 부하에 대한 생사여탈권도 있어서 부하의 소유를 빼앗거나 그를 죽이는 것도 얼마든지 가능했다. 그런 권한을 맘껏 누리기 위해 많은 왕들이 하나님을 떠났고, 폭군이 되어 백성들 위에 군림했다. 그러나 다윗왕은 여전히 하나님 안에 있었기 때문에 지엄하신 하나님의 징계도 철저히 받고 죄의 값을 톡톡히 치른다. 그의 범죄 사건이 성경에 낱낱이 기록되는 수모를 겪으

면서 말이다. 하나님을 떠나 온갖 죄를 저지른 왕들에 대해서 성경은 그들의 죄를 일일이 기록하지 않고 대부분 '우상 숭배의 죄'만을 거론한다. 우상숭배의 죄에 빠졌다는 것은, 그에 버금가는 모든 죄들도 맘껏 저지르고 살았음을 충분히 암시하므로 그 모든 죄 중에서 가장 큰 죄인 '우상숭배'에 대한 죄목만을 분명하게 남기는 것이다.

21) 전도서를 솔로몬보다 후대의 인물이 기록한 것으로 보는 일부의 견해가 있다. 1장1절 "다윗의 아들 예루살렘 왕 전도자의 말씀이라"는 본문이 후대에 추가된 것이라는 것이 그 이유 중 하나인데, 말하자면, 이 본문이 추가됨으로써 솔로몬은 '절대 저자가 될 수 없는' 큰 불이익을 받게 된 셈이다. 그것이 타당한 일인가? 만일, 이 본문(1:1)이 없는 상태에서 본다면, 솔로몬을 저자의 후보에서 완전히 제외되는 것이 적절하겠는가? 그렇지 않다. 솔로몬도 그 후보 중에 하나가 될 수 있는 것이다. 아울러, 전1:16에서 저자는 '나보다 먼저 예루살렘에 있던 모든 사람들' 보다도 자신이 지혜로웠다고 진술하고 있는데, 만일 전도서를 다른 사람의 저작으로 본다면 후대의 사람들 중에 솔로몬보다 더 지혜로운 자가 있었다는 의미가 되므로 이 견해도 적절하지 않다. 왜냐하면, 왕상 3:12에서 하나님께서는 솔로몬에게 "네게 지혜롭고 총명한 마음을 주노니 네 앞에도 너와 같은 자가 없었거니와 네 뒤에도 너와 같은 자가 일어남이 없으리라" 하셨기 때문이다. 그러므로 전도서는 솔로몬의 저작으로 보는 것이 타당할 것이다. 만일, 전도서를 솔로몬의 저작으로 봐주지 않는다면, 성경의 어디에서도 솔로몬의 회심 근거를 찾을 수 없으므로, 우리는 그가 타락한 채 처참하게 스올[지옥]로 내려간 것으로 이해해야할 것이다. 솔로몬이 그런 실패자라면 그의 수많은 저작들은 제대로 평가받을 수 없으며, 잠언의 주옥같은 말씀들이 빛을 잃게 될 것이다. 전도서를 솔로몬이 저자가 아니라고 보는 것은 이와 같이 많은 무리가 따른다.

22) 왕상 11:8-9 참조: "솔로몬이 마음을 돌려 이스라엘의 하나님 여호와를 떠나므로 여호와께서 그에게 진노하시니라. 여호와께서 일찍이 두 번이나 그에게 나타나시고 이 일에 대하여 명령하사 다른 신을 따르지 말라 하셨으나 그가 여호와의 명령을 지키지 않았으므로"

23) 이 방법을 사용하면 모든 사람을 회심시킬 수 있건만, 하나님께서는 이 방법을 자주 사용하지는 않으신다. 아주 특별한 사람에게만 사용하시는데, 예를 들면, 그를 회심시켜서 크게 사용하고자 할 때, 그리고 그의 회심을 위해 간구하는 사람들의 기도가 충분히 쌓여서 하늘에 상달 되고 하나님을 크게 감동시킨 경우라 할 것이다.

24) 왕하 23:25-27 참조 : "요시야와 같이 마음을 다하며, 뜻을 다하며, 힘을 다하여 모세의 모든 율법을 따라 여호와께로 돌이킨 왕은 요시야 전에도 없었고 후에도 그와 같은 자가 없었더라. 그러나 여호와께서 유다를 향하여 내리신 그 크게 타오르는 진노를 돌이키지 아니하셨으니 이는 므낫세가 여호와를 격노하게 한 그 모든 격노 때문이라. 여호와께서 이르시되 내가 이스라엘을 물리친 것 같이 유다도 내 앞에서 물리치며 내가 택한 이 성 예루살렘과……. 이 성전을 버리리라 하셨더라."

25) 물론 이스라엘은 이 땅에서 첫 열매요 장자 같은 존재이다. 하나님께서는 예루살렘의 회복에 대한 간절한 소원을 갖고 계시다. 오늘날 그들은 예수님을 구주로 여기지 않는 유대교 신자로서 살고 있지만, 그들을 회복시키고자 하는 하나님의 소원은 우리를 통해서 이루실 것이다.

26) 그것은 이로 부터 수십 년 후에 야곱이 죽음을 앞두고 자식들에게 해준 축복기도에서 확인된다. "르우벤아 너는 내 장자요 내 능력이요 내 기력의 시작이라 위풍이 월등하고 권능이 탁월하다마는 물의 끓음 같았은 즉 너는

탁월하지 못하리니 네가 아버지의 침상에 올라 더럽혔음이로다. 그가 내 침상에 올랐었도다. 시므온과 레위는 형제요 그들의 칼은 폭력의 도구로다……. 그들이 그들의 분노대로 사람을 죽이고 그들의 혈기대로 소의 발목 힘줄을 끊었음이로다(창 49:3-6)."